NUOVE VOCI

Nicolò Govoni

Ogni cambiamento è un grande cambiamento

Rizzoli

Pubblicato per

Rizzoli

da Mondadori Libri S.p.A.

Edizione pubblicata in accordo con Piergiorgio Nicolazzini Literary Agency (PNLA)

ISBN 978-88-17-17341-4

Prima edizione: ottobre 2022

Realizzazione editoriale: Studio editoriale Littera, Rescaldina (MI)

Ogni cambiamento
è un grande cambiamento

Ai miei studenti,
per dare un senso alla mia vita.

Il perché del fiume

Kenya

PRIMA PARTE

I

Mi chiamo Njoki, sono una kikuyu e a volte parlo da sola.

Anche oggi mi alzo all'alba. O, almeno, credo sia l'alba. Casa nostra non ha finestre, e l'unica luce filtra dallo spiraglio sotto la porta d'ingresso. Non è granché ma è sufficiente per scivolare giù dal letto a castello senza inciampare. Papà ha tentato infinite volte di tappare lo spiraglio con uno straccio, ma non c'è niente da fare: la pioggia lo lava sempre via. Meglio così, però. Perlomeno evitiamo di brancolare nel buio più totale.

«Novantasei giorni» dico lavandomi i denti sul catino, «sedici ore e cinquantatré minuti dall'ultima volta che Obera mi ha rivolto la parola.»

Lo dico così, come se fosse cosa da poco, un'informazione di servizio al telegiornale. Fa meno male, ho imparato, se non gli dai troppo peso.

«Incidente sulla A104» risponde Wangari, scendendo dal letto.

Ridacchio con la bocca piena di dentifricio. «Giraffa salvata a Garissa!»

«Coppia di innamorati scappa di casa!»

Sputo. «Continuano gli scontri dopo le elezioni!»

«E per questa edizione è tutto!» dice lei spalancando la porta d'ingresso. «Grazie dell'attenzione e adesso linea al meteo!»

È davvero l'alba. La luce azzurrina mi fa sbattere le palpebre e il freddo mi punge la pelle, ma non mi lamento, anzi. È l'ora che preferisco.

Wangari si mette davanti allo specchio e inizia a sistemarsi i capelli. Devo infilarmi tra lei e il divano per riporre il mio spazzolino sulla mensola. Non c'è tanto spazio in casa nostra. L'angolo cucina, il letto a castello, il divano, lo specchio e la tv si trovano tutti nella stessa stanza, e le pareti di lamiera si inclinano un po' di più verso l'esterno ogni volta che Papà se ne torna a casa con un nuovo pezzo di mobilia raccattato chissà dove.

«Di nuovo al fiume oggi?» chiede Wangari.

Faccio spallucce. Lo sa che ci troviamo al fiume ogni giorno. È il nostro posto. E lei è mia sorella maggiore, quindi certo che lo sa. Sa tutto di me.

«Stai attenta per strada, mi raccomando.» Mi lancia un'occhiata attraverso lo specchio. «Pare che alcune gang stiano ancora dandosi la caccia. Dovrebbero darsi tutti una calmata, dopo un mese dalle elezioni, ma lo sai come sono queste teste calde. Ogni scusa è buona per fare casino.»

Mi siedo accanto a lei, su uno sgabello di plastica, ritagliandomi il mio angolo di specchio, e imito i suoi movimenti: l'olio di cocco massaggiato fino alla radice, il pettine a denti larghi per sciogliere tutti i nodi e infine la cera per proteggere i ricci e la cute. È un nostro rituale mattutino, quello della cura dei capelli. Fa parte della nostra cultura, e poi mi fa sentire più grande, più bella, più simile a lei. Ma so di avere ancora tanto da imparare. Quindi, quando Wangari finisce di acconciare i suoi capelli, sposto lo sgabello e lascio che si sieda dietro di me per sistemare i miei. Ecco perché l'alba è il momento che preferisco. Ho l'opportunità di osservarla con attenzione: le dita capaci, le labbra socchiuse, quel cipiglio accennato sulle sopracciglia perfette. E lei non si accorge di niente. Mi sembra quasi di rubare frammenti di lei e di piantarli dentro di me, dove un giorno, forse, attecchiranno, germoglieranno e daranno frutti. Ci vorrà tempo. Per ora osservo e basta.

«Ci ripenserà, sai?» dice Wangari, una forcina tra le labbra. «Prima o poi vedrai che ci ripenserà. Non è mica un dettaglio, essere migliori amici.»

Cerco di rimanere impassibile ma senza successo, lo vedo riflesso allo specchio: due linee mi si disegnano in fronte e il labbro superiore si arriccia come davanti a un piatto di ugali avariato. Stringo i pugni sulle cosce. Perché non riesco a fare finta di niente? Sono passati più di tre mesi da che Obera mi ha tolto la parola, e non riesco ancora a essergli indifferente. Lui, invece, se la cava benissimo.

«I maschi sono così» continua intrecciandomi i capelli, «prendono decisioni affrettate, ma poi ci pensano su e cambiano idea.» Ride tra sé e mi assicura la coda di cavallo su un lato del capo. «Il più delle volte.»

Alzo una spalla, impercettibilmente, per non disturbare il suo lavoro.

Wangari mi lancia un'occhiataccia attraverso lo specchio. «Ah, Njoki! Lo vedrai, con il tempo, quanto è facile perdersi di vista, anche con le persone a cui si è voluto bene. È per questo che quando trovi qualcuno che ti fa sentire a casa devi fare del tuo meglio per tenerlo vicino.»

«Sentire a casa?» Alzo un sopracciglio. «Siamo in casa!»

Wangari ride, una risata chiara, sgargiante, di quelle che si possono quasi scorgere librarsi nell'aria. È viola e gialla e arancione, allo specchio.

«Quello che sto cercando di dire è che per le persone a cui vuoi bene vale la pena lottare.»

«Sei un po' strana, a volte» dico, ma prima che possa ribattere aggiungo: «E poi cosa dovrei farci io? È lui che ha deciso di non parlarmi più, così, a caso, un bel giorno. Ho provato a chiedergli come mai, ma lui mi ignora!».

Wangari smette di ridere. «Lo sai che non è colpa sua, vero?»

Distolgo lo sguardo. Mi premo i pugni chiusi sulle gambe. Lo so che non è *tutta* colpa sua. Ma questo giustifica forse il suo comportamento?

«E lo sai, vero, che non è successo per caso?»

Me ne sto in silenzio.

«Njoki?»

Mi affondo le unghie nei palmi delle mani. «Lo so. Sono le elezioni e...»

Le sue dita si fermano tra i miei capelli e, con loro, le mie parole. Il mio cuore salta un battito, e non so nemmeno perché.

«No.» Wangari parla lentamente. «No, non è per le elezioni. È perché...»

Alzo lo sguardo per incontrare il suo riflesso allo specchio, e non sono sicura che sia davvero mia sorella quella che trovo davanti a me. Ha il suo aspetto, certo, ma c'è qualcosa nei suoi occhi, qualcosa che... qualcosa che non... Di colpo, voglio cambiare argomento. Voglio che smetta di parlare.

«È questo che è successo tra te e Otieno?» chiedo, le parole che sgorgano come un fiume in piena. «Migliori amici tutta la vita e poi...»

«Njoki» dice una voce profonda, che mi fa trasalire.

È Papà, sull'uscio, di ritorno dal turno di notte. Mi guarda con le sopracciglia aggrottate e una punta di delusione nello sguardo. Mi sento in imbarazzo.

«Con chi parli?» chiede.

«Nessuno» rispondo, forse un po' troppo in fretta.

Lui sbuffa e scuote il capo. Entra, socchiude la porta alle sue spalle. Una lama di luce attraversa la stanza. Nessuno dei due dice nient'altro.

Quando torno a guardare lo specchio, l'unico riflesso è il mio.

2

Gli scontri sono andati scemando nelle ultime settimane. Nel nostro quartiere, però, il ciglio della strada brucia ancora.

L'odore di Papà invade la stanza. Sa di fumo, un olezzo acre che parla di copertoni bruciati e di urla. Sa di acqua di colonia, una combinazione di coriandolo e laudano, un profumo confortante, che conosco da sempre. E sa di gin, ma solo un accenno. Non si concede mai più di poche dita, e solo nei giorni più neri. Dopotutto ha noi... ha me a cui badare. Papà mi fa sentire a casa, anche quando tutto va a fuoco.

Gli faccio posto spostando lo sgabello, lui si siede dietro di me e riprende ad acconciarmi i capelli da dove mi sono fermata.

«Hai dormito bene?»

Mi sforzo di sorridere. «Sì.»

«Niente incubi?»

«Niente incubi.»

Cala il silenzio. È un silenzio semplice, rilassato. Mi appoggio alle sue braccia. Lo sento tendersi. Mi raddrizzo di nuovo. Papà continua a farmi i capelli. Per un po' il suono delle sue mani, insieme al chiacchiericcio della strada, è l'unico nella stanza. È un silenzio colmo di parole non dette.

«È l'ultima acqua che abbiamo?» chiede a un certo punto, toccando il catino con la punta dello stivale. E poi, senza aspettare la mia risposta, aggiunge: «Devi andare alle cisterne a prenderne altra più tardi».

Non rispondo. Papà sa bene che è l'ultima acqua che abbiamo in casa, l'ha notato lui stesso uscendo per il turno di notte ieri. Sa anche che ho una buona memoria, mi ringrazia spesso per le cose che gli ricordo – il berretto ogni volta che esce senza, la visita dall'erborista per quel brutto raffreddore lo scorso inverno, il giorno esatto in cui avrebbero chiuso le strade per il comizio politico. E allora perché la ripete, questa faccenda dell'acqua? Gli lancio un'occhiata ma non riesco a guardarlo a lungo. Sono occhi potenti, i suoi, scuri e tristi. E poi temo che sarebbe lui a distogliere lo sguardo. Quindi mi soffermo su un lembo di pelle che spunta da sotto l'uniforme blu scuro, tra il collo e la clavicola. Sembra quasi che le sue parole abbiano il solo scopo di riempire la distanza tra noi, quasi che ciò che tacciamo pesi più su di lui che su di me.

«Njoki?» dice, e ho l'impressione che non sia la prima volta. «Njoki, mi stai ascoltando?»

«Sì.»

«Cosa ho detto?»

«Di andare a prendere l'acqua.»

«E poi?»

Faccio spallucce.

«Di stare attenta per strada» aggiunge in tono perentorio ma mitigato dalla stanchezza. «E di non parlare con nessuno. Hai capito? Neanche quelli con cui parlavi prima.»

«Sì, Papà.»

«Siamo kikuyu, e loro sono luo.» Fa una pausa. «Non siamo uguali.»

«Lo siamo stati per anni...» mormoro.

«Cos'hai detto?»

Esito. «Niente.»

Papà sospira di nuovo e, come ogni volta, il mio stomaco si contrae. «Non lo siamo più» dice. Fa un'altra pausa. «Non lo siamo più.»

Sento una scarica elettrica sprigionarsi dentro di me, dal centro della pancia al petto, alle spalle e da lì fino agli occhi e giù fino alle dita delle mani. È rabbia, è paura, o è qualcos'altro? Non so come chiamarla. Ci sono tante cose, nuove cose, dentro di me, da quando mia sorella è scappata, a cui non riesco a dare un nome. Stringo i pugni sulle cosce per calmarmi. Ma è inutile. E allora alzo lo sguardo. Mi impongo di guardarlo dritto negli occhi stavolta. Papà fissa un punto lontano. Apre la bocca e la richiude, quasi avesse qualcosa da aggiungere ma non sapesse come farlo. Wangari è sempre stata la sua preferita. E il suo nome adesso è diventato un tabù.

«Fatto» dice all'improvviso.

Per un secondo non capisco a cosa si riferisca. Poi guardo in su. I miei capelli. Sono perfetti, una coda di cavallo assicurata intorno alla testa, quasi una corona, proprio come faceva Wangari. Sento quell'elettricità disperdersi dentro di me. Papà si alza e io lo seguo con gli occhi.

«Ti va di andare a prendere un po' di latte?» chiede e, senza aspettare una risposta, mi mette cinquanta scellini in mano. Poi si corica a letto.

È il suo modo di dirmi che ha bisogno di solitudine, e silenzio, e oscurità. Lo capisco. Anch'io a volte ho bisogno delle stesse cose.

Mi alzo, finisco di prepararmi ed esco di casa.

«Torna prima di sera» chiama lui alle mie spalle.

«Va bene!»

«E non andare al fiume!»
«Sawa!» mento.
E Papà finge di credermi.

3

Ci incontravamo giù al fiume, prima delle violenze, con il benestare dei nostri genitori, e ci incontriamo ancora al fiume, dopo le violenze, da quando ce l'hanno proibito.

Come potremmo fare altrimenti? Siamo cresciuti insieme, noi sei, vicini di casa e compagni di giochi e di avventure e di marachelle da sempre. I venditori nel quartiere si fermavano a guardarci passare quando eravamo più piccoli, perché dicevano che portavamo fortuna: Obera, Naserian, Makuch, Sebele, Celestin e io, tutti così diversi ma sempre l'uno appiccicato agli altri. E non ci è mai importato granché di appartenere a tribù o a culture diverse. A dire la verità, non sapevamo neanche cosa volesse dire. Ma questo era prima delle elezioni. Ora è tutto diverso, dobbiamo mentire ogni giorno per scendere al fiume.

E non è neanche la parte peggiore.

«C'è mancato poco, eh?» dice Wangari, camminando accanto a me. «Prima, intendo. Papà ci ha quasi scoperte parlare!»

«Ci ha scoperte» rispondo senza guardarla, la testa bassa, gli occhi piantati sulla strada e le mani a fondo nelle tasche. «Non ha detto niente solo perché... perché... non lo so, il perché!»

«Lo sai. Ti tocca essere la figlia responsabile, quella ubbidiente, quella rispettosa, quella educata, quella sempre dolce e gentile, quella che non sgattaiola fuori la sera tardi, ma soprattutto quella che non parla quando dovrebbe starsene zitta. Insomma, il mio opposto. Non credi che riconoscere che alle volte parli con i fantasmi sarebbe un tantino sconveniente per lui?» Wangari passa attraverso un cumulo di cavoli. «In ogni caso, cosa pensi di fare con Obera oggi?»

«Niente» rispondo, lieta di cambiare argomento. Parlo in un sussurro, occhieggiando la gente intorno a me per assicurarmi che nessuno mi senta. Ho già abbastanza problemi senza che pensino che sia impazzita. «Lui non mi rivolge la parola, e io pure. Se dobbiamo parlarci, lo facciamo attraverso gli altri. E va bene così.»

«Va bene così?» mi incalza lei.

Non rispondo. Accelero il passo davanti a una fruttivendola, che la scorsa settimana mi aveva lanciato addosso un pomodoro marcio.

«Maledetta kikuyu» aveva gridato. «Siete una disgrazia per questo quartiere.» Due mesi fa era solita regalarmi le cipolle quando passavo.

«La questione è un'altra, Njoki, e tu lo sai» continua Wangari, imperterrita. «Se decidesse di ricominciare a parlarti oggi, saresti pronta ad accettarlo? Saresti disposta a perdonare il suo silenzio?»

«E come?» sbotto, sempre sottovoce. «Come si fa a perdonare qualcuno a cui non dispiace nemmeno?»

Wangari sorride. «Lo sai cosa significa essere veramente forti?»

Sbuffo. «Cosa?»

«Significa perdonare qualcuno a cui nemmeno dispiace.»

Le lancio un'occhiata. «A che serve, allora?»

«Serve a...»

Mi fermo. «Shh!»

«Non zittirmi!» dice Wangari, ma poi ammutolisce a sua volta.

La madre di Obera è immobile davanti a noi. Davanti a me. I nostri occhi si incontrano. Sento i polmoni svuotarsi e un tremito mi percorre le ginocchia. Lei continua a guardarmi, in silenzio. C'è più di un metro di strada tra noi, ma se anche fossero tre chilometri non sarebbe abbastanza. Non è la prima volta che la incontro, da quando tutto è cominciato ad andare a rotoli, ma non ci siamo mai ritrovate faccia a faccia, in strada, con l'intero vicinato a farci da spettatore.

Potrei infilarmi tra lei e una bancarella di giocattoli e proseguire la mia marcia, ma qualcosa nel suo sguardo mi suggerisce che mi si parerebbe davanti, così com'è adesso, muta, per continuare a fissarmi. E in un lampo ho la certezza completamente irrazionale che qualcosa sia successo oggi, qualcosa che lei sa e che io non so, e non sono neanche certa di voler sapere. Mi balenano i ricordi condivisi, le giornate passate a giocare con Obera, da piccoli, sotto il suo occhio vigile, le serate trascorse sul letto, a mangiare sukuma, mentre Wangari e Otieno facevano i compiti sul divano, Papà e Mamma, quando c'era ancora, con lei e suo marito, a ridere e bere un po' di vino, pensando che noi bambini fossimo già tutti addormentati.

«Siamo stati uguali per anni» dico tra me e me.

«Non lo siamo più» risponde Wangari.

Dopo un lungo momento, la madre di Obera si sposta per lasciarmi passare. Riprendo a camminare con riluttanza, guardando dritto davanti a me ma tenendola d'occhio, passo dopo passo, quasi potesse colpirmi, non appena mi avesse abbastanza vicino. E invece non lo fa, resta immobile come una statua mentre le sfilo accanto, ferma eccetto per il sospiro che tira e che, per qualche strana ragione, mi ricorda tanto quelli di Papà.

Mi metto a correre.

Corro superando l'immensa discarica in cui lavora mio padre e il banchetto che profuma di chapati, e poi il meccanico con le sue scintille e il volto del nuovo presidente, una gigantografia su un tabellone pubblicitario, e sulla sua bocca squarciata un graffito che grida: «Bugiardo». Supero la chiesa, alta e austera, scivolando più volte sulla discesa che porta al fiume. Mi fermo in ginocchio, coperta di foglie secche, ansimando. L'odore delle acque, sgradevole e familiare, mi riempie le narici.

Mi guardo intorno. Nessuno. Gli altri non sono ancora arrivati.

Allora mi lascio sfuggire un singhiozzo e mi premo le mani sul cuore implorandolo di rallentare. Di nuovo, quella scarica elettrica senza nome. Mi gira la testa, e non so perché. O forse lo so? Credo di saperlo e non saperlo al contempo: è difficile da spiegare, come se nella mia mente ci fosse una stanza chiusa a chiave, e io sono qui fuori a battere i pugni sulla porta. C'è qualcosa, dietro quella porta. Qualcuno. Forse è Papà, con le sue parole taciute, o forse è la madre di Obera, con il suo sguardo indecifrabile, o forse ancora Wangari, quella vera, non quella che mi sono immaginata per farmi compagnia. O forse, dietro quella porta, ci siamo tutti quanti noi.

Un fruscio tra i cespugli.

«Non adesso» dico, aspettandomi di vedere l'ombra di mia sorella emergere di nuovo dai recessi della mia mente.

Solo che non è lei.

È Obera.

Si ferma a guardarmi e fa la sua solita espressione confusa e vagamente inquisitoria, lo zigomo alzato, i denti scoperti, un occhio un po' più chiuso dell'altro, come sempre prima di fare una battuta pungente. E per un momento tutto pare tornare a posto tra noi. Ma è solo un momento, poi lui si piega a pulirsi i pantaloni, e io mi sento ancor più sola di prima.

Il fiume scorre in sottofondo, un bisbiglio carico di nostalgia.

Un momento! I pantaloni di Obera... Strizzo gli occhi, mi sporgo in avanti. Sono bagnati, sporchi di fango. Era nel fiume, ma perché? Non si va nel fiume, lo sanno tutti, è una regola incontestata nel nostro gruppo, è pericoloso, e poi l'unica a saper nuotare sono io.

Obera si raddrizza di colpo, sentendosi osservato. Non mi guarda negli occhi stavolta. Si strofina le mani sulla maglietta bucata, poi l'una contro l'altra prima di mettersele sui fianchi, ma solo per un istante. Alla fine le lascia cadere lungo il corpo, come se non sapesse cosa farne, e guarda lontano.

Il fiume continua a scorrere in sottofondo.

«Mio fratello è tornato» dice a voce così bassa che non capisco se abbia parlato davvero o se me lo sia immaginato.

E invece è vero. Non mi guarda, muove le labbra a malapena, quasi parlasse da solo, ma il suo tono è dolce, come un tempo.

«Otieno» dice, stavolta un po' più forte, «mio fratello. È tornato stamattina.» Si volta a guardarmi. «E Wangari, invece?»

Sussulto. Non so se sono più sconcertata dal suo rivolgermi la parola, o dal ritorno di suo fratello, o dal suo chiedermi di Wangari, dopo tre mesi che nessuno – e dico, nessuno – osa più pronunciare il suo nome.

Il fiume continua a scorrere, il suo sciabordio di colpo penetrante.

Prima che possa dire alcunché, arrivano gli altri.

«... e io mi trovavo proprio davanti al portiere» sta dicendo Makuch, iperattivo come sempre, «e poi ho calciato...»

«Oh...» dice Sebele vedendoci.

Nessuno si muove. Le fronde degli alberi si agitano all'improvviso, ma alzando il capo non vedo nulla. Nessuno fiata.

«Che bello» esclama Celestin dopo un momento. «Siete già qui entrambi!»

«Già» dice Naserian, prendendo la palla al balzo per stemperare la tensione. «Pensavamo vi foste nascosti dopo gli scontri di stanotte, e invece eravate qui a godervi il fiume senza di noi, eh?»

Cala un silenzio imbarazzato. Un tempo, scendere al fiume per trovare Obera e me ad aspettare gli altri era perfettamente nella norma, ma ora...

«In ogni caso» riprende Makuch, esaltato come prima, «sono davanti al portiere, prendo la rincorsa e calcio...»

«Shh» fa Obera portandosi l'indice alle labbra.

«Ehi!» dice Makuch, indispettito. «Non farmi "shh"!»

Ma Obera non gli presta attenzione.

«Che c'è?» chiede Sebele.

Obera si guarda intorno. «Lo sentite?»

Celestin aggrotta la fronte. «Cosa?»

«Quel suono...»

Makuch alza un sopracciglio. «È solo il fiume.»

Obera non risponde, fissa un punto sulla sponda opposta.

«Aspettate...» Naserian si mette le mani a coppa intorno all'orecchio.

«Cosa?» dice Makuch. «Che c'è!?»

E poi lo sento. Lo sento anch'io.

Celestin fa un passo verso la sponda. «Il fiume sta...»

«Sta piangendo» dice Obera.

SECONDA PARTE

I

«Ho vinto io stavolta!»
«Sì, barando!»
«Ma come ti permetti!?»
«Sei il peggior bugiardo dell'universo, Obera» gli ho detto. «Ti si legge in faccia quando menti. Ti mordi l'angolo del labbro scoprendo il canino. Assomigli a un pelele – proprio un tasso!»

«E tu sembri un pesce quando corri» ha detto lui, gonfiando le guance e incrociando gli occhi. «Un pesce grande e stupido!»

Ho fatto un balzo in avanti, ma lui era pronto. Ha schivato la mia mano piegandosi all'indietro ed è schizzato via nella direzione opposta. E io gli sono partita alle calcagna, come sempre, accorciando il suo vantaggio a ogni falcata. Obera era sì più lento di me, ma era scaltro, smaliziato, e conosceva il quartiere come il palmo della sua mano. Sapeva dove svoltare, all'improvviso, per depistarmi appena prima che lo acciuffassi. E, come se non bastasse, lo faceva solo all'ultimo secondo, quando avevo già il braccio disteso e il peso spostato in avanti, facendomi finire a gambe all'aria.

Obera non era l'unico a sapere il fatto suo in queste nostre costanti sfide, però. Seduta a terra, le gambe divaricate e il volto nascosto nelle mani, in bocca il sapore della polvere e della sconfitta, scoppiavo in un pianto forsennato, melodrammatico, da far voltare i passanti e affacciare le persone alle finestre. A quel punto Obera non poteva che correre in mio soccorso. Il bello era che, a prescindere dalle innumerevoli reiterazioni della mia messinscena, lui tornava sempre da me, da un lato per scagionare se stesso agli occhi della comunità, ma dall'altro per accertarsi che non mi fossi fatta male davvero, stavolta.

Mi poggiava la mano sulla schiena sussurrando: «Scherzi, vero?».

E io gli afferravo il braccio balzandogli addosso.

Ci rotolavamo nella polvere, un groviglio di braccia e gambe, finché nessuno dei due aveva più fiato per difendersi. Alla fine, a baciare la strada era sempre e solo Obera. Ed è bizzarro, se ci pensi, come la tua prospettiva delle cose cambi insieme al mondo intorno a te: per anni ho creduto di essere la più forte più o meno in tutto – nella corsa, nella lotta, nelle cacce al tesoro in discarica –, mentre ora mi chiedo se non mi avesse lasciato vincere ogni singola volta. Perché il fatto è che Obera non è mai stato un tipo da sorrisi, anzi, ma quando si trovava inchiodato a terra sotto il mio peso un sorriso abbagliante sbocciava, immancabile, sul suo volto, e i suoi occhi brillavano come cocci di bottiglia al tramonto.

Accadeva sotto lo sguardo dell'intero quartiere, ma quelli erano tempi diversi.

Obera e Wangari, Wangari e Obera. Erano loro due gli unici accanto ai quali mi sentissi davvero me stessa. Per tutti gli altri ero solo Njoki, sempre dolce e rispettosa, troppo timida per parlare o per farsi valere. Ora che li ho persi entrambi, la povera Njoki è tutto ciò che sono.

2

Il dito ancora premuto sulle labbra, Obera mi lancia un'altra occhiata.

Cosa sta cercando di dirmi?

Perché solo ora?

Come ha potuto cacciarmi dalla sua vita per tutto questo tempo?

«So io cos'è!»

Ci voltiamo a guardare Celestin. Lui ricambia il nostro sguardo.

«Allora?» chiede Sebele.

E lui, con tutta la serietà del mondo, risponde: «È una sirena».

«Le sirene non esistono» si acciglia subito Naserian.

«Certo che esistono.» Celestin non si scompone, è abituato allo scetticismo di lei. «Se ne stanno sulle rive dei laghi e chiamano a sé gli uomini più ingordi. E poi se li mangiano.»

«Nessuno qui è un uomo» dice Naserian.

Makuch fa un gran sorriso. «Io sì!»

Sebele ride.

«Ma...!?» fa lui, offeso.

Anche Naserian soffoca una risata. Allora Makuch si ingobbisce, stringe i pugni e soffia dalle narici in una buffa ostentazione di mascolinità. Quando si rimbocca la manica e tende il bicipite striminzito Obera fa un passo in avanti.

«Va bene, va bene» taglia corto lui. «Ammettiamo che sia una sirena. Cos'altro puoi dirci, Celestin? Cosa ce ne facciamo di questa informazione?»

Celestin annuisce con un piglio più anziano della sua età. «Sawa, statemi a sentire. Quando ero bambino, in Congo, Nonna mi raccontava le storie del lago...»

«Non è nemmeno un lago, questo!» lo interrompe Naserian.

Celestin si stringe nelle spalle. «Magari si sono spostate. Sai, con il cambiamento climatico e tutto il resto... come ce ne siamo andati noi, magari anche loro.»

Il fiume continua a lamentarsi in sottofondo.

Celestin fa un lungo respiro, da vecchio saggio, e riprende: «In ogni caso, fanno proprio così, le sirene. Si appostano sulla riva, pettinandosi i lunghi capelli o ammirandosi allo specchio, e cantano o piangono per attirare la preda. Poi, quando gli uomini si affacciano per spiarle, si fingono sorprese e si tuffano in acqua, lasciandosi alle spalle il pettine o lo specchio».

«Quanti ne hanno?» chiede Makuch.

«Di cosa?»

«Di specchi.» Makuch fa un'espressione birichina. «E di pettini.»

Celestin stringe le labbra. «Tanti, immagino. Comunque...»

«E dove li trovano?» Makuch sorride, stuzzicandolo. «Gli specchi.» Fa una pausa. «E i pettini.»

Mi lascio sfuggire una risata. Sono incorreggibili, quei due. Inseparabili da sempre, Makuch color caffè e Celestin color del chai, l'uno esuberante, l'altro serioso, all'apparenza opposti polari e in continuo punzecchiamento, ma per chi li conosce da vicino le due metà di un tutt'uno.

«Se li fanno fare» risponde Celestin, una punta di fastidio nella voce, con grande soddisfazione di Makuch. «Se li fanno fare dai fabbri che rapiscono. Loro non se li pappano, li tengono come schiavi.»

«E dove li tengono? Nel lago?»

«Proprio così, nel lago.»

«E come?»

Celestin sbuffa, Makuch si entusiasma.

«Creando una bolla sotterranea...»

«E come?»

«Sto cercando di dirtelo!» sbotta Celestin.

Makuch sfoggia un sorriso a settantasette denti e fa un balletto celebrativo. Celestin accetta la sconfitta con un cenno del capo, prima di sgranchirsi il collo e riconquistare la sua classica disinvoltura.

«In ogni caso» continua, «è così che le sirene si procacciano il pranzo. Dobbiamo tenerci alla larga, altrimenti diventiamo cibo per i pesci!»

Lo guardiamo tutti un po' perplessi.

«Che c'è?» chiede lui.

«Dubito che qualcuno di noi voglia avventurarsi nel fiume e dare la caccia a qualunque cosa stia facendo quel verso...» risponde Naserian.

Guardo i pantaloni di Obera. Si sono già asciugati.

Cosa ci faceva, lui, nel fiume?

«Certo, come se non vi conoscessi!» Celestin scocca un'occhiata a Sebele, l'avventuriera del gruppo. «Io, alle sirene, proprio non mi ci avvicino!»

«Le sirene non esistono!» fa Makuch, tornando alla carica.
«Certo che esistono!» Celestin punta i piedi a terra.
«Nei tuoi sogni!»
«Sul tuo muso!»
«Le hai mai viste?»
«Sì!»
«Falso!»
«Esistono!»
«Non esistono!»
«Esistono in Congo!»
«Ragazzi!» Obera ha alzato le braccia. «Ci fate impazzire, così.»

Mi guarda di nuovo negli occhi. E, nel suo sguardo, vedo un'ombra che mi fa rabbrividire. Forse ha ragione Papà, dopotutto. Forse siamo diversi. Forse c'è davvero un «noi» e un «loro», e io ero troppo ingenua per capirlo. Forse il bambino con gli occhi luminosi con cui sono cresciuta non è mai esistito.

Makuch trasale in modo melodrammatico. «Lo so io, cos'è!»

Celestin fa una smorfia.

«È il Kuragar!»

Silenzio.

Naserian si mette la mano a coppa intorno all'orecchio. «Il...?»

«Kuragar» ripete Makuch, spostando il peso da un piede all'altro per l'eccitazione. «È un mostro sudanese, e mio nonno lo conosce!»

«Bevono il tè insieme?» chiede Celestin.

«Quella è tua nonna con le sirene!» risponde Makuch, ma prima che l'altro possa ribattere continua: «Sta di fatto che anche il Kuragar se le mangia, le persone, non perché siano ingorde, ma perché hanno paura».

Naserian arriccia il labbro. «Non mi pare tanto giusto.»

«È giusto, invece. Perché il Kuragar mangia solo alcune persone, ma non mio nonno. Lo rispetta, lui. Sono amici da più di cinquant'anni.»

Makuch fa una pausa. Il lamento del fiume sommerge il silenzio. Sento lo sguardo di Obera puntato addosso e struscio i piedi per terra.

«Te lo stai inventando» accusa Celestin, ma senza convinzione.

Makuch fa l'occhiolino. «Sicuro?»

«Parla!» esclama Sebele, che di storie di mostri non è mai sazia.

«Va bene, va bene...» Makuch si volta, dandoci la schiena. Quando torna a guardarci il suo viso è trasfigurato da un'espressione mostruosa. «Sono il Kuragar, e vivo in Sudan! Sono il migliore amico del nonno di Makuch. Grazie ai miei poteri di chiaroveggenza vedo che Makuch è destinato a diventare il più grande calciatore di tutti i tempi!»

Scoppiamo tutti a ridere, come sempre quando Makuch si lancia in uno dei suoi mimi. Ed è proprio Celestin, suo malgrado, a ridere in modo più fragoroso. Nonostante il continuo punzecchiamento, è proprio lui l'estimatore numero uno delle imitazioni di Makuch. Ridacchiando rubo uno sguardo a Obera e lo vedo sorridere. Non accadeva da mesi.

«Trent'anni fa, quando la madre di Makuch era bambina, l'ho vista pascolare le capre davanti a casa. Era bassa, tutta pelle e ossa, non un granché come pasto, a essere sinceri, ma abbastanza per diventare uno stuzzicadenti e liberarmi dai rimasugli della cena del giorno prima. Così, quatto quatto, mi sono appostato dietro un cespuglio» Makuch si accovaccia «e ho atteso. Ho atteso che suo padre uscisse di casa per prendere le sue sembianze. Dovete sapere che, oltre alla chiaroveggenza che mi permette di vedere il futuro sfolgorante di Makuch, posso anche mutare forma e diventare chiunque io voglia. Vedete? Non ho le giunture» Makuch fa penzolare l'avambraccio «e il mio corpo si piega in ogni direzione. E quindi, quando il padre è uscito di casa, l'ho visto e ho copiato il suo aspetto e, quando è rientrato, sono balzato fuori dal mio nascondiglio.» Makuch si raddrizza. «Appena mi ha visto, la bambina ha fatto una faccia un po' confusa, ma poi mi ha sorriso, fiduciosa. Chi non si fidava, invece, erano quelle stupide capre, che sentendo il mio odore si sono messe a belare come delle squilibrate. E, prima che potessi scattare, la piccola ha capito e si è messa a correre.» Makuch fa una pausa. «È questo il mio momento preferito, quando l'odore della paura riempie l'aria... mi viene l'acquolina in bocca al solo pensarci! E, certo, avrei potuto papparmi le capre, anche loro, di paura, ne avevano parecchia, ma il problema qui è che ho lo stomaco delicato, e la carne di capra mi appesantisce un po'. Gli esseri umani, invece... Ah, potrei mangiarne a non finire!» E con questo Makuch balza davanti a Naserian, e lei lancia uno strillo che ci fa sbellicare tutti.

«Quindi mi lancio all'inseguimento» continua lui, correndo sul posto, «ma la bambina è veloce, schiva gli arbusti spinosi che mi graffiano le gambe, usa le rocce come trampolini per slanciarsi in avanti mentre io inciampo e cado, e, sentendo il trambusto, suo padre esce, machete alla mano.» Makuch si ferma a prendere fiato. «Mi viene incontro, l'arma puntata, e ordina alla figlia di barricarsi in casa. E allora io, che mi sono già rotto di cincischiare, sguaino le mie fauci, sfodero gli artigli, e sono pronto alla lotta. L'odore della sua paura mi dà alla testa. Quando ho finito con lui, penso, lo stuzzicadenti mi sarà ancor più utile! Ma il nonno di Makuch sa di non avere possibilità in uno scontro frontale, e quindi se la dà a gambe levate, e io dietro di lui. Lo rincorro intorno alla casa, ancora e ancora, una volta, due volte, tre volte, quattro, cinque, sei, sette, otto, nove, dieci. Ci rincorriamo per tutto un giorno e tutta una notte, fermandoci di quando in quando per riprendere fiato e riposare. E io, via via che la stanchezza mi assale, perdo le sue sembianze e riacquisto le mie. E, vedete, io non sono un essere umano ma un po' ci assomiglio, e se mi trasformo e cerco di mangiarvi vivi è solo perché quando ero cucciolo gli altri Kuragar mi prendevano in giro dicendo che ero brutto. Ma quel giorno, seduto a terra davanti al nonno di Makuch, ho visto qualcosa cambiare nei suoi occhi. Tempo dopo, una volta che bevevamo il tè davanti a casa» Makuch strizza l'occhio a Celestin, «me l'ha spiegato, cosa aveva visto quel giorno...»

Silenzio.

«Cosa?» dice Sebele.

Makuch non risponde. Ci guarda uno dopo l'altro, il capo immobile, gli occhi che guizzano come biglie impazzite, tenendoci appesi a un filo.

Naserian incrocia le braccia. «Allora?»

Ed è qui che Makuch, per un solo istante, perde l'aria ridanciana di sempre e guarda prima Obera, poi me, con una serietà di cui non l'avrei mai creduto capace. Ci guarda a fondo, scavandoci negli occhi, come per estrarre un tesoro sepolto dentro di noi. Sento l'elettricità crescermi nello stomaco e, stavolta, non riesco a distogliere lo sguardo.

«Il nonno di Makuch ha visto che non eravamo poi così diversi, io e lui» dice senza smorfie. «E, in un istante, l'odore della sua paura è svanito. E basta, di colpo non potevo più mangiarlo. Così mi ha invitato a entrare.»

Quando Makuch smette di raccontare, ce ne stiamo tutti zitti.

Ascoltiamo il perché del fiume.

3

Un minuto dopo, Celestin e Makuch sono già tornati al solito bisticciare.

«È una sirena!»

«È il Kuragar!»

«Io non ci entro, nel fiume!»

«Io sì, invece. È il migliore amico di mio nonno!»

E avrebbero continuato e continuato tutta la mattina, se solo Sebele non avesse pronunciato le fatidiche parole.

«Non è un mostro, è una persona.»

Ma questo io già lo sapevo, no? Lo sappiamo tutti, in fondo. Se ci raccontiamo storie di sirene e mutaforma è solo per distrarci. Per non dover pensare alla realtà, che a volte è ben più spaventosa delle favole. Purtroppo, però, nonostante ciò che il quartiere pare credere ultimamente, la realtà non finisce dove inizia l'ignoranza. Dell'ignoranza, la realtà se ne infischia. Possiamo raccontarci tutte le storie che vogliamo, ma resta il fatto che nel fiume c'è qualcuno, e sta piangendo, e noi siamo gli unici in grado di sentirlo.

«In Etiopia» inizia Sebele «in questo periodo dell'anno i

morti tornano in visita.» Parla a bassa voce, e noi ci stringiamo intorno a lei. «Escono dalle foreste, che sono il passaggio tra il mondo degli spiriti e quello dei vivi, e vagano cercando la propria casa e i propri cari. Sono confusi dai cambiamenti che trovano, le nuove strade, i nuovi edifici, i membri della famiglia che non riconoscono più. È triste, se ci pensi. Non sanno neanche di essere morti.»

Si alza un vento freddo, ci turbina intorno, ma nessun altro rabbrividisce, solo io. Forse è la mia immaginazione.

«Puoi lasciare loro del cibo» continua Sebele. «In quel caso, i morti si siedono a tavola e mangiano a sazietà. Si sentono accolti, voluti. La loro confusione si affievolisce, per un po'. E quindi scelgono di restare. Ma non appartengono al mondo dei vivi e, se restano troppo a lungo, il portale tra i due mondi si richiude, e loro rimangono bloccati dalla nostra parte. Quando succede, una maledizione terribile cade sulla casa.»

Mi guardo intorno, Obera incrocia il mio sguardo e annuisce, e io mi sento un po' più al sicuro. Che sciocca che sono...

«E così dobbiamo fare quello che nessuno vorrebbe fare.» Sebele si sposta una ciocca di capelli dietro l'orecchio. «Dobbiamo mandarli via. Riverniciamo la porta di casa, così non la riconoscono. Sparecchiamo sempre, buttiamo il cibo in eccesso, laviamo subito i piatti. E, quando sentiamo dei rumori durante la notte, sbattiamo le pentole. Lo facciamo per spaventarli, per far sapere loro che non sono più graditi. Fa male, fa male perché quando perdi qualcuno a cui vuoi bene tutto quello che vorresti fare è rivederlo, ma è l'unico modo. A volte non puoi farci niente.»

Non ha ancora finito di parlare che è già scoppiata in un pianto a stento soffocato. Sebele ha perso il nonno durante le violenze, un giorno che si è trovato, senza neanche accorgersene, tra due gang rivali. Ci avviciniamo a lei, tutti e cinque, e nel farlo abbiamo la scusa per stringerci gli uni agli altri. Quando la mia mano sfiora quella di Obera, entrambi sussultiamo rifuggendo il tocco.

«Aspettate» dice Naserian dopo un minuto.

Celestin scioglie di malavoglia l'abbraccio. «Che c'è?»
«Non lo senti?»
Sebele si soffia il naso nella manica. «No?»
«Esatto» dice Naserian. «Il pianto... non c'è più.»
Facciamo tutti un passo indietro e tendiamo le orecchie. Il fiume è tornato a scorrere a un tempo placido e irrequieto, come sempre.
Lancio un'occhiata a Obera e trovo un terrore muto sul suo volto. Perché? Cosa sa che io non so?
«A volte non puoi farci niente» mi sussurra Wangari all'orecchio.
Dentro di me, fulmini e saette. Per impedire loro di eruttare e investire tutti intorno a me raccolgo due pietre da terra. Le levo alte sopra la testa e inizio a sbatterle l'una contro l'altra, facendo un gran baccano.
«Cosa fai?» chiede Naserian, accigliata.
Non rispondo. Continuo a fare rumore.
Sebele mi imita. «Sta scacciando gli spiriti!»
Anche Makuch e Celestin fanno lo stesso, forse non tanto perché credano ai fantasmi ma per il divertimento di fare confusione. E neanch'io ci credo, ai fantasmi, ma non ne posso più di starmene con le mani in mano. Sbattere le pietre mi fa sentire meglio. Anzi, mi fa sentire bene.
Guardo Obera. È l'unico a non fare chiasso, a non ridere. Ha lo sguardo perso nel vuoto. Poi, sentendosi osservato, si piega a sua volta, raccoglie due sassi e mi fa un mezzo sorriso. Non si è accorto che sono troppo piccoli per fare qualunque rumore.
Smettiamo dopo un minuto. Lasciamo cadere le pietre, ansimiamo, battiamo le mani impolverate. Ascoltiamo il fluire delle acque. Niente. Il fiume scorre tranquillo. E allora perché non c'è pace?
«I fantasmi se ne sono andati» dice Naserian, abbandonando la sua solita razionalità per rivolgere un sorriso di conforto a Sebele.
«O forse chiunque fosse nel fiume è riuscito a uscire» dice Celestin.
«O forse no...»

Ci voltiamo a guardare Obera. Lui non ricambia il nostro sguardo. Ed è nel silenzio che segue che capisco: lui sa. Obera sa esattamente chi c'è nel fiume. E, prima che arrivassimo, stava cercando di raggiungerlo. L'elettricità mi esplode dentro, devo stringere i pugni e accavallare le gambe e mordermi l'interno della guancia fino a sentire il sapore del sangue per reprimerla. Non posso lasciarla uscire. Non devo lasciarla uscire. Cosa direbbero gli altri se scoprissero che la dolce Njoki ha tutto *questo* dentro?

«Le bambine devono ubbidire.» Stavolta è la voce di Papà a rimbombarmi in testa. «Tu non disubbidiresti mai, Njoki, vero? Almeno tu... vero?»

Mi balza il cuore in gola quando il pianto torna a squarciare l'aria, più acuto che mai. Sebele si lancia in una corsa sfrenata nella direzione opposta al fiume. Senza rendercene conto, stiamo tutti arrancando sulla salita, cercando in ogni modo di evadere dall'unico luogo in cui, un tempo, ci sentivamo al sicuro.

E non sappiamo nemmeno perché.

Ci sparpagliamo, non appena tornati in strada, senza neanche salutarci. Ripercorro la via di casa a perdifiato, supero il meccanico, il banchetto dei chapati, la discarica, il tutto sprigionando elettricità a ogni passo, una cacofonia di tuoni, una pioggia di fulmini, e infine mi tuffo – mi tuffo, letteralmente – oltre la porta spalancata, atterrando sul divano, certa che Papà sia ancora a letto, solo per rovinargli addosso.

La bottiglia di gin si rovescia sul tappeto usurato.

Mi tiro su subito, pronta a scusarmi, ma lui pare non essersene neanche accorto. Si guarda le mani, come fossero oggetti del tutto sconosciuti, e sbatte le palpebre molto lentamente. Non l'ho mai visto così prima.

È allora che sento il letto scricchiolare.

«Njoki?» dice Wangari nella semioscurità.

Papà si volta a guardarla.

Ed è così che so che non è più solo la mia immaginazione. Wangari è qui.

È tornata.

4

«Ukitaka kumuua mbwa mpe jina baya» dicono gli anziani. Ed è proprio vero: «Se vuoi uccidere un cane, dagli un cattivo nome».

Dell'amore non so molto, ma so che è per amore che Wangari è scappata, sebbene nessuno l'abbia mai detto ad alta voce. Papà dice che i kikuyu devono stare tra i kikuyu, i luo tra i luo, i maasai tra i maasai, e che è meglio così, meglio per tutti, per evitare certi problemi, soprattutto in tempo di elezioni. Noi, giù al fiume, siamo un po' di ognuno, kikuyu, luo, maasai e pure congolesi, sudanesi, etiopi, ma andiamo d'accordo... il più delle volte. Anzi, a dirla tutta, a volte pare persino meglio essere un po' diversi, così almeno si mangiano cose nuove quando si va gli uni a casa degli altri, e ci si insegnano le canzoni a vicenda, e se ti scappa una parola poco educata nella tua lingua madre, per esempio quando inciampi e cadi, nessuno se ne accorge.

Questo, però, non l'ho mai detto ad alta voce. Prima non ce n'era bisogno, mentre adesso sarebbe sconveniente. Soprattutto, sarebbe ingiusto nei confronti di Papà, dopo quello che gli ha fatto Wangari.

Corro da lei.

È seduta sul letto di sotto, più vicina al muro che al bordo del materasso. Anche avvicinandomi non vedo che la sua sagoma. Ma è lei, la riconoscerei tra mille persone, la curva delle sue spalle, il suo modo nervoso di tracciarsi disegni geometrici sulla coscia, la sua voce che rompe, finalmente, il silenzio di casa. Sono pronta a caderle tra le braccia.

«Non è più la stessa» dice l'altra Wangari, nella mia testa. «Non è me.»

Rallento. Ora che le sono più vicina, e che i miei occhi si sono abituati all'oscurità, inizio a notare le differenze. Le sue spalle pendono quasi, incurvate, come sotto un peso invisibile. Le sue dita tremano, un movimento appena accennato, danzando sulla sua pelle. Il suo cranio nudo riflette la luce che filtra dall'esterno. I suoi bei capelli, che così tanto tempo trascorreva ad acconciare, spariti. Anche la sua voce è più roca, più grave di quanto ricordassi. Di quella che sopravvive nella mia mente.

Mi fermo davanti al letto.

Wangari mi tende la mano. Le sue unghie, un tempo curate in modo maniacale, sono mangiate, febbrilmente, quasi fino alla mezzaluna pallida che precede le cuticole. Le guardo fisse e sposto il peso del corpo all'indietro, lontano da loro. È un moto pressoché impercettibile, ma lei mi conosce troppo bene. Ritira la mano.

«Siedi» dice, spolverando il materasso accanto a sé.

Papà si alza ed esce di casa. Lascia dietro di sé un'immobilità stridente, che devo arginare. Siedo accanto a lei. Chiudo le gambe infilando le mani tra le ginocchia. Il materasso affonda quando Wangari mi si avvicina.

«Mi piacciono i tuoi capelli» dice. Il suo fiato sa di posti lontani. Non è cattivo, ma mi mette un po' di malinconia. «Chi te li ha fatti?»

«Papà.»

«È migliorato.»

«Chiedile cosa ne è stato dei suoi, invece» suggerisce l'altra Wangari, quella immaginaria. «Chiedile cos'è successo ai suoi capelli.»

Non ripeto la domanda. Me ne sto zitta, come al solito.

Il materasso si sposta di nuovo, e io mi irrigidisco aspettando il suo tocco. Ma non arriva. Mi volto appena, e la vedo così, con la mano a mezz'aria accanto alla mia spalla. La riabbassa, e per la prima volta i nostri occhi si incrociano. È sempre stata bella, Wangari, invidiata da tutte le ragazze del quartiere, e lo è ancora. Ma adesso scorgo un non so che di appassito nei suoi lineamenti, un urlo muto nei suoi occhi.

Abbassa lo sguardo, e io lo seguo. Le sue dita tornano a scorrerle sulla pelle della coscia, solo che non sono disegni, non sono cerchi e triangoli e quadrati quelli che tracciano. Sono linee, adesso, linee frastagliate, scure, come quando si tira l'impasto dell'ugali fino a farlo sfilacciare.

Wangari si copre con il lenzuolo, e io distolgo lo sguardo.

«Eri giù al fiume?» chiede.

Scuoto il capo.
«Lo vedi?» L'altra Wangari è in piedi davanti a me. «A me lo diresti.»
Chiudo gli occhi. Faccio del mio meglio per ignorarla. L'elettricità mi pervade. Temo che, se la vera Wangari mi toccasse, rimarrebbe fulminata.
«Come sta Obera?»
O forse lo spero. Forse spero che mi tocchi e che tutto quello che ho dentro possa sprigionarsi e che lei possa vedere quanto male mi ha fatto, quanta distruzione si è lasciata alle spalle. Non faccio niente, però. Mi limito a serrare i pugni e premerli contro le ginocchia. Le brave bambine, dopotutto, si distinguono per la loro gentilezza e per la loro educazione.
«Lo vedi, vero?» dice l'altra Wangari. «Non ha idea. Non ha idea di quello che ci ha fatto. Andiamocene. Diamole un assaggio della sua medicina!»
Stringo le ginocchia fino a farmi male alle mani.
La vera Wangari sospira. «Parlami, Njoki...»
«Non ascoltarla!» ordina la Wangari immaginaria. «Non le importa di te!»
Inizio a tremare. Mi mordo l'interno della guancia.
«Njoki? Mi senti, Njoki?»
«Te lo sei dimenticato? Ti ha abbandonata!»
Cerco di alzare le barriere della mente, di chiuderle fuori entrambe.
«Ho fatto un errore terribile...»
«Errore? Ha distrutto il quartiere!»
Ci provo, invano. Ma sono qui entrambe, una accanto a me e l'altra dentro di me, e non posso farci niente. Njoki, la povera Njoki. Sempre brava, sempre gentile. Ha desiderato così ardentemente il ritorno di sua sorella da averne creata una fittizia, e ora non vorrebbe altro che farle sparire tutte e due. Ma Njoki, la povera Njoki, non può farlo. Lei non può nulla.
«Parlami... ho bisogno di te.»
«È lei il motivo per cui Obera non ti parla più!»
Wangari mi posa una mano sulla spalla.
Apro gli occhi.

Smetto di tremare. E non penso più a mia sorella, né a quella vera né a quella immaginaria. Non penso più al quartiere e alle elezioni. Non penso più a Papà e alla figlia che voglio essere per lui. Non penso più neanche a Obera. Penso al fiume, e al suo pianto, e a chi, nelle sue anse, sta chiedendo aiuto. E, per qualche ragione, sono certa che lo stia chiedendo a me.

«Non sei vera!» urlo con tutto il fiato che ho nei polmoni.

E l'elettricità erutta tutto intorno a me. È una pioggia di fulmini e scintille, rimbalzano sul tetto di lamiera, si avvitano nell'aria, sfregiano il letto a castello, bruciano il tappeto e fuggono dalla porta semiaperta. Le vedo, le posso proprio vedere, le saette, sprigionarsi dalla mia pelle, una ragnatela di luce ed energia che crepita e scoppietta vibrando da me al mondo circostante. Mi sento esplodere, come i botti durante le proteste, ma mi sento libera, e mia sorella, quella immaginaria, si disfa nel bagliore.

L'altra Wangari, quella vera, non ritrae la mano.

Mi abbraccia. «Scusa» dice, e lo ripete. «Scusa, scusa, scusa, scusa.»

Non c'è tempo per ritrovarsi, non adesso. Mi divincolo dalla sua stretta, mi alzo dal letto e faccio per precipitarmi fuori, ma qualcosa – cosa? Cosa? Cosa!? – mi obbliga a voltarmi. Wangari sta tremando, il capo chino, un uccellino dalle ali spezzate. E io mi fermerei a rincuorarla, a dirle che va bene così, che la perdono, che è qui, ed è tutto quello che importa, ma non c'è tempo, non c'è tempo, devo tornare...

«... al fiume» sussurro.

Wangari rialza lo sguardo. «Non andare» mi dice. «Lascia che pianga.»

Schizzo fuori. Attraverso la strada ad ampi balzi. Spalanco la porta con un calcio, quasi. L'odore familiare della casa di Obera mi travolge, e mi gira la testa. Sua madre sgrana gli occhi e la sua bocca si spacca in una smorfia spaventosa. Anche suo padre che, come il mio, è avaro di parole si alza e fa per parlare. Ma io ho occhi solo per Obera, che restituisce il mio sguardo, senza sorpresa. Obera e Njoki, Otieno e Wangari.

«Dobbiamo andare!» dico, e lui, prima che i suoi genitori possano aprire bocca, si lancia al mio inseguimento.

Non c'è più tempo. Non c'è più tempo. Non c'è più tempo.

5

Ci dividiamo per andare a chiamare gli altri. Lui va da Makuch e da Celestin, io da Sebele e da Naserian. Abbiamo bisogno di tutti quanti.

«Chi c'è nel fiume?» chiedo, appena tornati sulla riva.

Obera mi guarda fisso. Il pianto si è fermato.

«Obera!?» urlo, e tutti sussultano davanti alla mia foga.

«Non lo so» prova a dire lui, mordendosi l'angolo del labbro superiore.

«Sei il peggior bugiardo dell'universo» rispondo a mezza voce. Sembra davvero un tasso quando mente. «Ti ho visto uscire dal fiume, stamattina.»

Gli altri lo guardano sbigottiti.

«Cosa stavi facendo?» domando muovendo un passo verso di lui. «Mi hai chiesto se Wangari fosse tornata stamattina... come lo sapevi?»

Gli altri mi guardano con sorpresa ancor più grande.

«Hai detto che tuo fratello, Otieno, era tornato, ma in casa tua, poco fa, non c'era traccia di lui. Perché continui a mentire? Cosa sai che noi non sappiamo? Cosa sta succedendo?»

«Sì» mi dà manforte Naserian, socchiudendo gli occhi, «cosa sta succedendo?»

Obera non risponde. Si guarda la punta delle scarpe usurate.

«Con noi puoi parlare» dice Sebele, conciliante come sempre, «lo sai.»

Obera guarda al cielo, sbattendo veloce le palpebre.

«Siamo qui...» dicono Makuch e Celestin all'unisono, lanciandosi un'occhiata infastidita ma scambiandosi un sorriso subito dopo.

Silenzio.

Obera si volta, dandoci le spalle. Mormora qualcosa, ma il vento se lo porta via. Due foglie secche si rincorrono tra i suoi piedi.

«Siamo solo dei bambini» dice, tornando a guardarci. «Cosa possiamo fare noi, se l'intera comunità dice il contrario?»

Lo scruto con tutta l'intensità che ho, cercando di decifrare quel groviglio di silenzi e dubbi e dolore che, un tempo, era il mio migliore amico. E mi accorgo che, in un certo senso, è come guardarsi allo specchio.

Faccio per parlare, ma Naserian mi precede.

«C'è questa storia» comincia «che mia nonna mi raccontava sempre, nella nostra capanna, prima che ci trasferissimo dalla terra dei maasai in città.»

L'aria si impregna del profumo dei fiori. È un evento raro, che si verifica di tanto in tanto grazie al passaggio di un furgone che li trasporta verso mercati lontani, e solo quando il conducente, sbagliando strada, attraversa il quartiere. Dura soltanto un istante. È già svanito.

«Parla di un bambino e di un serpente...» La sua voce si stempera nello sciabordio delle acque. Naserian si guarda le mani. Aspetta di avere la nostra attenzione. La cerca. La chiede. Proprio lei, sempre così determinata, così razionale. Ora che deve esporre una parte di sé, e della sua cultura, pare la persona più timida del mondo.

Obera fa schioccare la lingua, come a dire: «Non c'è più tempo per le favole» e Naserian abbassa lo sguardo. Makuch e Celestin, invece, si fanno seri, serissimi, come non li ho mai visti prima, e Sebele sorride, una piega lieve delle labbra, per incoraggiare l'amica. E anch'io, che sento il grande orologio della vita ticchettare, imperioso, a pochi metri da me, faccio un profondo respiro e decido di scoprire perché, in un momento del genere, Naserian voglia raccontarci una storia della buonanotte. Dopotutto, se non ti fidi dei tuoi amici, puoi davvero considerarli tali? Le faccio un cenno del capo, e ci avviciniamo tutti di un passo.

«Si chiamava Babachi, il bambino» riprende Naserian, dopo un gran respiro. «Il suo villaggio era un manipolo di capanne di paglia, sterco e fango, all'ombra di una magnifica rupe appuntita. Viveva in una terra di foreste rigogliose, e piogge abbondanti, e tantissima selvaggina, ovunque. Gli uomini della sua tribù cacciavano, mentre le donne raccoglievano. Ai bambini era permesso portare il bestiame al pascolo e giocare con gli spiriti.»

«Spiriti!?» esclama Makuch, mordendosi la mano con esagerazione.

«Ma Babachi era un bambino coraggioso, e il pascolo non gli era mai bastato. Dentro di sé sentiva di poter dare di più alla sua comunità, ne era sicuro. Voleva contribuire al benessere del villaggio. E così, un giorno, ha preso in prestito l'arco e le frecce di suo padre ed è andato a caccia.»

Naserian divarica le gambe e finge di incoccare una freccia e puntare il bersaglio. «Eccola lì, l'antilope che andava cercando! Babachi prende la mira ed è pronto a colpire, quando si accorge che la povera bestia è già ferita e non può fuggire. Sarebbe una preda facile, senza dubbio, ma oltre a essere coraggioso Babachi era anche gentile, e così ha abbassato l'arco. Avvicinandosi all'animale terrorizzato, ha scoperto che a immobilizzarlo era una delle trappole posate dagli uomini del villaggio e, senza pensarci due volte, l'ha liberato. L'antilope è corsa via, zoppicando. Salva.»

Mi torco le mani. Dove vuole andare a parare con questa storia? Come ci aiuterà a risolvere il mistero del fiume e di chi chiede il nostro aiuto?

«Babachi si gira sentendo un sibilo. È un serpente, corto e sottile, a sua volta imprigionato in una trappola. "Aiutami!" dice, dimenandosi. Ma Babachi fa un passo indietro, incoccando di nuovo la freccia. "Aspetta! Aspetta, ti prego. Ti ho visto salvare l'antilope, qualcosa che non ho mai visto fare prima d'ora a nessun altro essere umano. I tuoi simili uccidono tutto ciò che si muove." Punto nell'orgoglio, Babachi tende l'arco. "Tu sei un serpente, però. Il tuo veleno uccide le persone!" L'animale si attorciglia sibilando: "Il mio veleno sì, ma non io. Attacchiamo solo se attaccati. Non devi credere a tutto quello che dicono di noi". Babachi abbassa l'arma, ma solo per ribattere: "E tu, invece? Non hai forse appena accusato tutti gli esseri umani di essere assassini?". Il serpente smette di dibattersi, e Babachi può vedere dove la trappola gli ha trafitto la carne. "Hai ragione" dice l'animale, "non dovremmo giudicare qualcuno in base alle azioni dei suoi simili. Sei un essere umano, non l'intero genere umano."»

Gli occhi di Naserian si posano di sguardo in sguardo mentre parla, per accertarsi della nostra attenzione. Si soffermano un po' più a lungo prima su Obera, e poi su di me.

«Il serpente alza la testa. "Quindi?" dice. "Mi lasci andare?" E Babachi, che aveva già preso la sua decisione all'inizio dello scambio, appoggia l'arco per terra e disinnesca la trappola. "Come ti chiami?" chiede. L'animale si avvita su se stesso per controllarsi la ferita, poi torna a guardarlo negli occhi. "Nyangarika" dice, "e sono lo spirito che protegge la foresta. Per avermi salvato la vita, ti prometto una seconda possibilità: quando la morte verrà a bussare alla tua porta, sali in cima alla rupe, canta queste note, e io risponderò." E così Nyangarika ha iniziato a cantare.»

La litania è semplice, priva di parole, un suono lungo che viene dal profondo della gola, interrotto solo dai respiri di Naserian.

«Alla fine della giornata» continua lei, dopo aver cantato, «Babachi è tornato a casa a mani vuote, ma con un'importantissima lezione nel cuore.»

Siamo ammutoliti, tutti quanti, compreso Makuch. Nessuno di noi aveva mai sentito Naserian cantare. La sua voce ci ha smosso qualcosa nel profondo. Sebele ha gli occhi lucidi. Celestin è rimasto a bocca aperta. Obera è così immobile che mi chiedo se si ricordi come si fa a respirare.

«Crescendo Babachi è diventato un guerriero coraggioso, un cacciatore compassionevole e un uomo saggio e sicuro di sé. Quando la sua gente l'ha scelto come capo, il villaggio ha prosperato e si è espanso sotto la sua guida. Ma un giorno Babachi si è ammalato gravemente, ed era ormai sul letto di morte quando ha chiamato il villaggio a raccolta. Uomini, donne e bambini si sono riuniti al suo capezzale, e lui, con le ultime forze, ha cantato la canzone di Nyangarika, insegnandola ai presenti e chiedendo loro di recarsi in cima alla rupe. Gli uomini, esperti cacciatori e indomiti guerrieri, si sono offerti senza indugio, dichiarando che questo compito era troppo pericoloso per le donne.»

Sebele rotea gli occhi.

«E così gli uomini hanno marciato su per il dirupo, cantando la canzone del serpente a squarciagola, come se fosse uno dei loro inni di battaglia. Ma, sentendo la sua canzone storpiata a quel modo, Nyangarika, che negli anni era cresciuto a dismisura, è emerso dalla sua caverna, le fauci snudate e gli occhi di fiamma. Gli uomini, terrorizzati, se la sono data a gambe levate.»

Sebele fa una risata sommessa, e Celestin le lancia un'occhiata.

«Le donne, che aspettavano il ritorno degli uomini certe della loro disfatta, si sono legate lo straccio in fronte e hanno detto: "Gli uomini sono capaci solo di spaccare le cose e dire a noi donne cosa non sapremmo fare. Non hanno idea di cosa significhi curare la vita". Con queste parole, si sono dirette alla rupe. Salendo hanno intonato la litania di Nyangarika, quasi fosse uno dei loro canti del raccolto, ma il serpente, sentendo la stessa intonazione che tutti i suoi simili avevano udito prima di essere ammazzati da un bastone, o da una pietra, o da un piede villano, è uscito, le fauci snudate, gli occhi di fiamma, pronto a difendersi. E anche le donne si sono date alla fuga.»

Sebele aggrotta la fronte.

«Babachi era agli sgoccioli della sua vita, e purtroppo tutti avevano fallito la missione. Tutti tranne i bambini, che lo guardavano, da lontano. Ma come poteva Babachi chiedere loro, così piccoli e indifesi, di tentare dove così tanti adulti, grandi e forti, avevano fallito? Ai bambini, tuttavia, non c'era bisogno di chiedere. Gli spiriti della foresta avevano raccontato loro dell'affetto che legava Babachi e Nyangarika, e non avevano paura. E così, senza chiedere il permesso, sono partiti. Anche loro, come gli uomini e le donne, hanno intonato la litania del serpente salendo sulla rupe. E perché non avevano esperienze pregresse che potessero contaminarla, l'hanno cantata nella sua forma più pura, proprio come Nyangarika l'aveva insegnata a Babachi. Raggiunta la sommità della rupe, il serpente li ha accolti con lo stesso affetto che nutriva per il capovillaggio, permettendo loro di salirgli in groppa e trasportandoli giù verso la casa del suo più vecchio amico. Qui Nyangarika ha morso Babachi, e il suo veleno ha cancellato la malattia che lo stava consumando. Avendo avuto la seconda possibilità che gli era stata promessa, il capovillaggio è tornato in salute ed è vissuto a lungo, con il favore degli spiriti, fino a trasformare il suo villaggio in un vero e proprio regno. Così divenne noto come Re Babachi, l'uomo che era solo un essere umano, e non l'intero genere umano.»

Rimaniamo in silenzio a lungo, quando Naserian tace. Ascoltiamo il sussurro del fiume, respiriamo l'elegia del fango e delle foglie cadute, lasciamo che il vento ci tocchi la pelle. Ci guardiamo gli uni gli altri, e anche la mia elettricità pare acquietarsi un poco.

«Vedete?» dice Naserian alla fine. «Saremo anche bambini, ma possiamo comunque fare qualcosa. Possiamo sempre fare qualcosa.»

E io, con un sospiro, copro la distanza tra noi e prendo Obera per le spalle. «Chi c'è nel fiume?» ripeto, addolcendo la voce stavolta.

Lui si morde il labbro, si irrigidisce, ma è solo un momento. Finalmente, lascia cadere le braccia e dice: «Un bebè». Fa una pausa. «Nostro nipote.»

TERZA PARTE

I

È un temporale, quello che sprigiono.

Vedo le saette infrangersi sul volto di Obera, così vicino al mio, come quando eravamo più piccoli. Le sue labbra si muovono lentamente, e le mie mani, premute contro la stoffa sgualcita delle sue maniche, sprigionano una girandola di scintille. Persino l'aria pare alterata, quasi che la mia elettricità la stia disgregando via via. Ma lui non dà segno di accorgersene, continua a raccontare quella storia proibita, e io non so se la voglio accorgersene sentire... anche se forse, sotto sotto, la conosco da sempre.

«Avevamo un segnale segreto, Otieno e io» sta dicendo Obera. «Due tocchi delle dita su ogni angolo della porta, e un piccolo fischio subito dopo. È così che sapevo di dover sgattaiolare fuori dal letto senza svegliare i miei genitori per andare ad aprirgli, quando faceva tardi la notte. Il più delle volte, mi ha raccontato tempo dopo, Otieno era con tua sorella, Wangari.»

Gli tolgo le mani dalle spalle. «Stai mentendo.»

«Perché dovrei mentire?»

«Perché Wangari non usciva di notte, lei era sempre...»

«Sempre con te?» dice lui, rifuggendo il mio sguardo.

Cala il silenzio. Posso sentire gli altri accanto a noi, ma paiono lontani anni luce. Wangari... lei non sarebbe uscita di nascosto, la notte, vero? Me lo avrebbe detto, se lo avesse fatto. Eppure a volte mi svegliavo e, senza neanche aprire gli occhi, allungavo il braccio. E lei non c'era. Avevo sempre pensato fosse uscita di casa per recarsi al bagno comune, ma ora non ne sono più così sicura. Ora...

«Non ho mentito quando ho detto che Otieno è tornato.» Obera mi pianta gli occhi negli occhi. «Due tocchi su ogni angolo della porta seguiti da un piccolo fischio prima dell'alba, e sapevo che era lui. Sono schizzato subito fuori dal letto e l'ho abbracciato con tutto me stesso sull'uscio di casa. E lui era lì, più magro, più vecchio, più provato di quanto non lo avessi mai visto, neanche dopo tutta una giornata in discarica, ma era lui in carne e ossa, finalmente a casa, e io non avrei più dovuto parlare con il suo ricordo...»

La voce di Obera si spegne, e un lampo si scatena tra noi.

«Non è rimasto, però» riprende, «non ha potuto. È tornato per dire addio. Sapeva che i nostri genitori non l'avrebbero accettato. È tornato per dirmi la verità.»

«Quale verità?» chiedo, anche se conosco la risposta.

«Si sono innamorati facendo i compiti sul divano, mentre noi mangiavamo sukuma sul letto a castello.» Obera fa un sorriso mesto. «Sapevano che sarebbe stato difficile, lui un luo, lei una kikuyu, in un quartiere noto per le tensioni etniche... ma, come ha detto Otieno stamattina, ciò che si vuole non si può controllare. Si può controllare solo ciò che si fa.»

«Sono scappati insieme» dico, più a me stessa che a chiunque altro.

Obera annuisce.

Esito. «Sono scappati quando Wangari è rimasta...»

Non riesco a finire la frase. Tendo le orecchie ascoltando i suoni del pomeriggio. Il canto dei parrocchiani raccolti in chiesa, il chiacchiericcio dei venditori ambulanti in strada e il ruggito dei camion, attutito dalla distanza, sulla tangenziale. Non ci sono mai neanche stata, laggiù. Ho sempre sentito il suo richiamo, ma senza rispondere. Wangari, invece...

«È per questo che la gente ha iniziato ad ammazzarsi? Che hanno bruciato il quartiere?» chiedo, sventolando scintille. «Per un bebè?»

«No, certo che no» dice Naserian, accanto a me. «L'avrebbero fatto comunque.»

Sebele mi sfiora il gomito. «Ma l'hanno usato come pretesto.»

«Lo sai, com'è, la politica» conferma Celestin con un sorriso ostentato. «Il ragazzo luo che corrompe la ragazza kikuyu e la rapisce.»

Obera si rabbuia. «È per questo che Otieno non può restare. Né adesso né mai.»

«Ci riuscirà, prima o poi» dice Naserian. «Le cose cambiano.»

«Le cose non cambiano» la corregge Makuch. «Le persone sì.»

E ci voltiamo tutti, all'unisono, a guardarlo esterrefatti. Mai ci saremmo immaginati di sentire qualcosa di tanto serio uscire dalla sua bocca.

«Cosa?» fa lui, alzando le mani. «L'ho letto sul bastoncino del gelato!»

Rido, e la mia elettricità si placa un poco.

Poi, però, una colonna di fulimini, abbagliante, si leva con fragore tutto intorno a me. «Ne eravate al corrente? Tutti quanti?»

Gli altri stanno in silenzio, ma è un silenzio dolce, complice.

«Non eri pronta, Njoki.»

Un lampo. «E spetta a voi deciderlo?»

Naserian mi sfiora la mano. «Volevamo solo tenerti al sicuro.»

«Vi è mai passato per la mente che non abbia bisogno di essere tenuta al sicuro?» Una saetta la trapassa da parte a parte. «Che la povera Njoki, forse, non è poi così piccola e indifesa?»

«Indifesa?» dice Obera, grave. «Chi pensa che Njoki sia indifesa qui?»

Gli altri scuotono il capo.

«Ma non lo vedi? Sei tu a tenerci uniti. Quando sono iniziate le sommosse, sei stata tu a continuare a scendere al fiume, ad aspettarci, a non lasciare che ci perdessimo di vista. Sei la nostra colla, Njoki, il cuore del nostro gruppo.» Obera inspira a fondo. «E sei la persona più forte che conosca.»

«Stai solo facendo il gentile...»

«No.» Adesso è lui a prendermi per le spalle. «No. No. No...» Continua a ripeterle, quelle due lettere, come aspettando altre parole, che non arrivano.

«Non lo stavamo tenendo nascosto a te» dice Sebele.

Naserian mi prende la mano. «Lo stavamo tenendo nascosto per te.»

L'elettricità mi vortica attorno come un uragano. Fatico a vedere oltre la tempesta, e anche la mano di Naserian, il tocco di Obera mi sembrano irreali, quasi riguardassero qualcun altro, un'altra Njoki, con un altro corpo, in un altro universo. Il cuore, il motore di tutta l'energia che sprigiono, mi batte all'impazzata, non solo in petto ma nella giugulare, nelle tempie, dietro le palle degli occhi. Di colpo, sono madida di sudore. Ho la nausea, mi manca l'aria, tremo come se fosse la notte più fredda della stagione delle piogge. E poi mi si prosciuga la bocca, più arida del Turkana, e mi fischiano le orecchie, come dopo una bomba, e mille spilli mi perforano le dita. Sto cadendo. Nella mia testa, un pandemonio di voci e rumori.

«Di nuovo al fiume oggi?» dice la Wangari immaginaria.

«Con chi parli?» chiede Papà.

«I maschi sono così» continua Wangari, la sua voce distorta, «prendono decisioni affrettate, ma poi ci pensano su e...»

«Niente incubi!?» la interrompe Papà, quasi urlando.

Wangari mi parla nell'orecchio, sussurra: «Insomma, il mio opposto...».

«Scusa» dice all'infinito la vera Wangari. «Scusa, scusa, scusa, scusa...»

«Mio fratello è tornato» dice Obera. Ha i pantaloni bagnati.

«Ti va di andare a prendere un po' di latte?» ruggisce Papà.

E poi Obera, di nuovo, e Papà, e Wangari – e non lo so, non so più quale sia quella vera e quale quella finta, quella che è rimasta e quella che è fuggita. Non so più chi sia, veramente, mia sorella. «Non andare» mi dice. «Lascia che pianga.»

Sto cadendo.

Sto cadendo da mesi.

E non c'è nulla a cui aggrapparsi.

«Ti teniamo» dice Sebele, lontanissima. «Non ti lasciamo cadere.»

«La senti?» dice Naserian, chissà dove. «È la mia mano.»

«Concentrati, Njoki.» Celestin mi regge il capo. «Segui la nostra voce.»

«Sì» dice Makuch, «soprattutto quella gracchiante di Celestin!»

Una gomitata da qualche parte vicino a me, sempre più vicino...

Apro gli occhi. Obera. Trovo il suo volto appena sopra il mio. Mi guarda, e dietro il suo cranio intravedo un pezzo di cielo e un lembo di nubi. Abbiamo avuto un'estate clemente, quest'anno. Siamo stati fortunati.

«Siamo qui, Njoki» mi conforta. «Siamo qui.»

In un momento, tra le braccia dei miei amici, nel centro caldo della mia famiglia più vera, smetto di cadere. L'elettricità si stempera nell'aria.

2

Mi aggrappo a loro per rialzarmi, e loro mi sorreggono, pazienti, finché non torno in piedi. Mi rimangono accanto anche dopo, e io li lascio fare.

«Hanno gettato il bebè nel fiume» dico, sottovoce.

Nessuno risponde, non ce n'è bisogno. Solo il fiume mormora, pacato, come sempre, un costante promemoria di quel pianto che ha soffocato.

Obera è il primo a staccarsi da me.

Poi Makuch, e Naserian, e Celestin, e Sebele.

Rabbrividisco, non tanto per il fresco della sera che avanza, quanto per la solitudine che, inevitabilmente, ti aspetta sempre dopo un picco di amore, quando la vita torna a scorrere, inconsapevole, intorno a te.

«Dobbiamo andare» dico, parlando a fatica. «Dobbiamo almeno tentare.»

Inizio a camminare, incerta sui miei passi, verso la riva.

«E se fosse tardi?»

Obera. È stato lui a parlare. Certo che è stato lui. Chi altri, se no?

Mi volto a guardarlo. «E se non lo fosse?»

Torno a camminare.

«Forse è un bene, sai?» dice. «Questo bebè ha portato così tanto dolore alle nostre famiglie. Forse è un bene che sia finita così.»

Mi fermo di nuovo. Non mi giro stavolta.

«Gli scontri hanno appena iniziato a spegnersi.» Lo sento muovere qualche passo tra le foglie morte alle mie spalle. «Cosa pensi farebbe questo bebè alla nostra comunità adesso? Cosa farebbe alle nostre famiglie?»

«Cosa farebbe a noi due?» si chiede una parte di me. E mi fa vacillare, quel pensiero, perché è il mio lato più egoista a formularlo, la parte di me che, ora che Obera e io abbiamo ripreso a parlare, vorrebbe che tutto tornasse com'era. Ma è solo una parte di me, e oggi ho imparato che noi, tutti noi, siamo la somma di tante, tantissime parti. Io, per esempio, mi chiamo Njoki, sono una kikuyu e a volte parlo da sola. Ma questo non è che un frammento di chi sono veramente. Io sono anche i miei amici, e le loro storie. Sono mia sorella, quella vera e quella che ho immaginato. Sono mio padre e i suoi sospiri, sono mia madre e la sua assenza. Sono i miei capelli, la mia cultura e la mia tribù. Sono la mia città, e il mio quartiere, e il dolore e la gioia che viviamo quaggiù. Sono silenzio e sono parole, e tutto questo, tutto insieme, è più forte di quanto chiunque possa immaginare. Più forte di quanto anch'io avessi mai pensato. E la mia parte più egoista? È solo quello, una parte – piccola, umana, gestibile. La spingo via.

«Non facciamo nulla» dice Obera, «e tutto torna alla normalità. Non sei stanca di questa follia? Non facciamo nulla, e nessuno lo verrà a sapere!»

Mi volto. «Credi davvero che sia giusto?» Ma, prima che possa ribattere, aggiungo: «Per quale motivo pensi che tuo fratello sia tornato stamattina, Obera? Per raccontarti una storia? Solo per dirti addio?».

Obera apre la bocca, la richiude. Guarda lontano.
«O forse perché aveva bisogno di aiuto» lo incalzo, «come ogni volta che tornava tardi e, picchiettando sulla porta, ti chiedeva di aprirgli?»
Obera fa un'espressione corrucciata.
«Dimmi, Obera: perché affidarti la storia di un bebè da dimenticare, se non avesse voluto che tu, almeno tu, te ne ricordassi?»
Obera si morde il labbro. «Non lo so» dice. Ma è un'altra bugia.
«E allora cosa ci facevi nel fiume stamattina?»
Silenzio.
Obera distoglie lo sguardo. Sta piangendo.
Lancio un'occhiata agli altri, e loro annuiscono di rimando.
Mi infilo tra i cespugli inseguendo il sussurro del fiume e, quando le acque mi lambiscono le caviglie, so che tutti mi stanno seguendo. Non devo neanche voltarmi a guardare.
Lo vedo subito, il cesto di vimini, sulla sponda opposta.
Al suo interno, un fagotto avvolto in un telo kikoi.
Nessun pianto, nessun lamento. Solo lo scorrere del fiume.
L'acqua mi arriva già alla vita.
Il fiume non è ampio, nulla più di qualche metro da sponda a sponda: la calura estiva l'ha privato del suo impeto. Ma le acque scivolano comunque veloci, e il fondale è irregolare, infido sotto i miei passi.
Ci teniamo per mano formando una catena umana. Sebele tiene stretto in una mano il ramo di un arbusto tozzo e all'apparenza robusto, e nell'altra l'avambraccio di Celestin, che a sua volta stringe quello di Makuch, che stringe quello di Naserian, che stringe quello di Obera, che stringe il mio.
Nessuno di loro sa nuotare. L'idea è quella di avanzare il più possibile verso la sponda opposta, così che io possa attraversare il fiume dove non si tocca, recuperare il cesto e passarlo a loro, il tutto senza annegare.
Sono terrorizzata.
La catena umana si tende al limite. Tutti insieme arrivia-

mo a stento a un terzo dell'ampiezza del fiume. Obera fatica a tenere il mento sopra i flutti. Gli stringo la mano con forza prima di lasciarlo andare. Lui mi fa un cenno del capo e tossisce un poco. Devo fare in fretta, altrimenti...

Finisco sott'acqua. I liquami mi riempiono naso e bocca e mi bruciano gli occhi. Qui sotto l'unico suono è quello lungo, imperturbabile, della corrente sul fondale. Forse ha ragione Celestin. Forse ci sono davvero le sirene. Agito le braccia a più non posso per tornare in superficie. Obera mi afferra la mano e mi tira a sé. Prendo una grande boccata d'aria appena trovo il suo volto davanti al mio. Ma non mi aggrappo a lui. Non stavolta.

«Stai bene?» chiede strabuzzando gli occhi.

Annuisco.

«Possiamo sempre tornare indietro.»

«Ho solo messo il piede in una buca» dico, trafelata. «Ce la faccio.»

E, con queste parole, lascio la presa e nuoto verso la sponda opposta. La corrente mi trascina di qualche metro verso valle. Sbatto le gambe, muovo le braccia, dapprima senza tanta coordinazione, poi prendo il ritmo e inizio ad avanzare. L'odore del fiume è nauseabondo, un continuo pugno nello stomaco, ma mi faccio forza. Continuo a nuotare. Con ogni bracciata mi sembra di guadagnare solo dei millimetri, nient'altro, e mi chiedo quante ore, giorni, settimane impiegherò a raggiungere la sponda opposta. Sempre che ci riesca. All'improvviso inciampo nel fondale e cado in avanti. Stringo i denti per il dolore. Qualcosa, forse il manubrio di una bicicletta sommersa dal fango, mi ha graffiato il polso. Sanguino, ma non mi posso fermare. A ogni passo prendo una boccata d'aria. Ce l'ho fatta. Ho lasciato la riva della chiesa pochi secondi fa, ma la traversata mi è parsa durare una vita intera. Mi fermo davanti al cesto.

Lo osservo per un momento: la struttura semplice, simile a quelle che le anziane intrecciano sul ciglio della strada nel quartiere, il telo rosso e viola tutto accartocciato, per nascondere, e proteggere, forse, il contorno abbozzato di un corpo sotto le pieghe.

«Mio nipote» dico tra me.

Mi gira la testa, per un momento, ma la mia pelle non scoppietta, le mie dita non eruttano, i miei capelli non si infiammano. Non c'è elettricità, stavolta. Ci sono solo io, con le mie emozioni, tutte quante, libere, quiete.

Schiudo il kikoi.

Ed eccolo lì: il bebè che non doveva essere. È piccolo, morbido, più chiaro dell'acqua del fiume. E respira. Appena appena, ma respira.

Lo avvolgo stretto nel kikoi e mi appoggio il cesto sul capo. Muovo ogni passo pregando, tastando con l'alluce prima per assicurarmi di non finire di nuovo in una buca, sapendo perfettamente di non poterlo prevenire. Metto un piede davanti all'altro, combattendo il tremito delle mani e fissando con orrore crescente l'acqua che mi si arrampica su per le cosce, sempre più vicina, sempre più vicina, sempre più vicina.

«Ci sei quasi!» grida Obera.

Alzo lo sguardo. Lui tende la mano verso di me. Il suo viso appare e scompare nella corrente. Mi fa paura. Il volto di Naserian, dietro di lui, è una maschera di fatica, e lei è così tesa da sembrare sul punto di strapparsi. Ma non demorde. E mi fa coraggio.

Metto il piede in una buca e finisco sotto. Alzo le braccia, però, e sento che le mie mani, e quindi il cesto, sono ancora all'asciutto. Così chiudo la bocca e pure gli occhi e continuo a camminare. Quando riemergo dalla buca, sono già troppo lontana dalla riva per mettere fuori del tutto la testa. Respiro, a malapena, sporgendo il naso sul pelo dell'acqua. Obera cerca i miei occhi, lì davanti a me, e poi fa una cosa che mi ferma il cuore: lascia la mano di Naserian. È lui a finire sott'acqua adesso. Mi tufferei in suo soccorso ma, con il bebè tra le mani, sono completamente immobilizzata.

È uno dei momenti più lunghi della mia vita.

È solo un momento, però. Poi Obera riemerge – o meglio, le sue mani – e io, stirandomi come l'impasto dell'ugali sul fuoco, gli passo il cesto.

Indietreggio e riemergo. Lo tengo d'occhio, lo vedo passare di mano in mano, quel fagotto di persona, da Obera a Naserian, da Makuch a Celestin e infine a Sebele, sempre più lontano dal fiume, sempre più vicino alla vita. Anche Obera riemerge, tossendo come un forsennato, aggrappandosi alla mano di Naserian, e anche lui non riesce a staccargli gli occhi di dosso. E quando il cesto, tra le braccia di Sebele, sparisce finalmente oltre i cespugli, Obera si volta a guardarmi e mi sorride. Per la prima volta da quando Wangari è fuggita, i suoi occhi sono tornati a brillare.

Accade tutto velocemente.

Io mi metto a nuotare verso di lui, e lui lascia di nuovo la mano di Naserian. E pare quasi un gioco di prestigio: Obera sparisce, inghiottito dai flutti.

3

Vorrei ricordare di più del resto di quel giorno. Vorrei ricordare come mi sono tuffata, senza pensarci due volte, in soccorso di Obera. Come abbiamo riportato, sotto gli occhi dell'intera comunità, il cesto a casa. Ma, soprattutto, vorrei ricordare quei due pianti, quei pianti di madre, l'uno di sollievo e l'altro di agonia, che hanno, come è solita dire la gente, cambiato per sempre il quartiere. Ma non ricordo. Ho rimosso tutto. Del resto di quel giorno, purtroppo, so solo quello che i miei amici mi hanno raccontato.

Naserian mi ha detto di essere dovuta rientrare in acqua per afferrarmi e trascinarmi fuori a forza. Ci ha impiegato quasi mezz'ora, lottando tra i flutti mentre io la respingevo e la graffiavo e la supplicavo – «Ti prego!» – di lasciarmi andare. Dice di esserci riuscita solo per mio sfinimento, alla fine. Sembravo un animale impazzito.

Quando siamo tornate sulla sponda, Sebele mi è corsa incontro per sorreggermi. Dice di aver trovato, davanti alle mie ferite, un coraggio che non pensava di possedere, dentro di sé. Mi ha fatto sedere e, strappando dei brandelli di kikoi, mi ha ripulito e fasciato. Dice che ho smesso di tremare, piano piano, mentre mi sussurrava all'orecchio. Non stento a crederle. Penso che diventerebbe un ottimo medico, Sebele, se solo ne avesse la possibilità.

Celestin, nel frattempo, reggeva il cesto tra le braccia. Lo faceva con quella serenità pacata che ha sempre fatto sentire tutti noi al sicuro, quasi che sapesse, in cuor suo, che le cose si sarebbero rimesse a posto, a un certo punto, anche se il mondo adesso andava in frantumi. Ci è venuto perfettamente naturale, quindi, affidare a lui il bebè, quel primo giorno così come tanti altri a venire. Sarà un ottimo papà, prima o poi, Celestin.

Ma, ovviamente, è stato Makuch a sorprenderci più di tutti.

Quando Sebele mi ha calmato abbastanza da permettermi di rialzarmi, o forse quando sono diventata troppo intontita per reagire, è così che l'abbiamo trovato: in piedi accanto a Celestin, immobile eccetto per i singhiozzi che lo scuotevano da capo a piedi, la mano nel cesto e, avvolte intorno al suo indice, le piccole dita del bebè. Era sveglio, il bebè, e i suoi occhi grandi rilucevano come quelli... come quelli di...

«È bellissimo...» ha detto Makuch, senza distogliere lo sguardo.

E tutti noi, tra il riso e il singhiozzo, abbiamo risposto: «Lo è davvero».

Siamo tornati a casa. Non abbiamo corso attraversando il quartiere, abbiamo marciato tra il fuoco incrociato degli sguardi della gente, compatti come un plotone d'assalto, senza mai rallentare, neanche quando la fruttivendola ci ha gridato dietro, puntandoci contro una carota.

Gli altri dicono che Papà mi ha sbarrato la strada davanti alla porta di casa. Dicono anche che io, il cesto tra le braccia, non mi sono fermata.

«Questo non è mio nipote» ha detto lui. «Portalo dalla famiglia di Otieno, se lo accettano.»

Non ho dato segno di averlo sentito. Mi sono limitata a evitarlo con un passo laterale. Lui mi ha seguito, aprendo le braccia, come se quello che stavo trasportando non fosse un bebè ma un'arma nucleare.

«Sei mia figlia, Njoki» ha detto lui, quasi un'implorazione.

«Quando ci sediamo davanti allo specchio la mattina, vedi, quello è il momento più bello della mia giornata. Quando ti sposto i capelli dagli occhi e tu mi guardi allo specchio e sorridi il mio mondo si illumina, e lo sai, cosa penso? Penso di non poter chiedere di più dalla vita. Non i soldi, né una casa più grande, né una macchina sportiva. Ma poi ci ripenso e so di sbagliarmi, so che si può chiedere di più, capisci? Perché so che un giorno diventerai una donna e una brava persona e il tuo sorriso continuerà a illuminarmi il mondo, proprio come fa ora. Per favore, Njoki. Per favore...»

Non gli ho risposto. Dicono che l'ho guardato fisso negli occhi finché non si è fatto da parte. E poi sono entrata.

È qui che si è levato il primo pianto. Nell'istante in cui Wangari ha visto la coperta kikoi, ha sgranato gli occhi e spalancato la bocca e il suo viso si è trasformato in una maschera di dolore e sorpresa, sollievo e terrore. Ha allungato le braccia, e io le ho porto il cesto, e lei ha preso suo figlio e se l'è stretto al seno, e ha iniziato a cullarlo. A cullare se stessa.

Mi sono seduta accanto a lei. Le ho appoggiato il capo sulla spalla.

«Ti perdono» ho detto.

E lei, tra i singhiozzi, mi ha chiesto: «Come puoi? Come puoi?».

«Essere veramente forti significa perdonare qualcuno a cui nemmeno dispiace» ho risposto, e gli altri dicono che non sembravo neppure io.

Il secondo pianto è rimbombato più tardi, quella sera. Era il pianto della madre di Obera, quando ha saputo di suo figlio e del fiume. Sono stata io a dirglielo, personalmente. Poteva forse essere altrimenti? E lei mi ha urlato contro, mi ha maledetto, ha lanciato oggetti nella mia direzione, e poi è crollata in ginocchio e, quando mi sono avvicinata, si è aggrappata alle mie gambe. Ha detto di odiarmi, ma sapevo che non era vero.

L'intera comunità, tanto i luo quanto i kikuyu, ha fatto una colletta per il funerale di Obera. Era così amato per la sua premura silenziosa, per il suo delicato coraggio, che nessuno ha badato alle tribù, per una volta. Anche le gang hanno abbassato le armi per porgergli omaggio. E Otieno, naturalmente, è tornato per dirgli addio.

Ed è rimasto.

Gli anziani hanno convenuto che cosa peggiore di un bambino meticcio fosse un bambino meticcio nato fuori dal matrimonio, e così hanno incoraggiato Otieno e Wangari a sposarsi. I nostri genitori si sono rifiutati, dicendo che erano ancora troppo giovani per quello, ma hanno permesso loro di tornare a fare i compiti sul divano e, a volte, quando si sentono particolarmente generosi, concedono loro di uscire con gli amici, la sera. Mi capita di sentirli rincasare, se sto sveglia fino a tardi. Restano a parlare un po' davanti alla porta di casa, per poi dividersi e tornare nelle rispettive dimore. Ed è in quel momento che, di tanto in tanto, sento un suono familiare: due tocchi su ogni angolo e un piccolo fischio. Una vecchia abitudine. E, quando succede, il piccolo Obera, avvolto nel kikoi, apre gli occhi e sorride.

È lui a tenerci uniti. È lui a ricordarmi chi sono davvero. Nei miei giorni peggiori, quando mi capita di sprigionare ancora elettricità, mi basta guardare gli occhi di Obera, quei cocci di bottiglia al tramonto, per ritrovare la calma.

È come se parte di lui vivesse dentro me.

Nonostante l'imperfezione tutto intorno a noi, con il tempo abbiamo ritrovato un nostro equilibrio, ricostruito una vita ordinaria, piena di abitudini ordinarie. Sempre che la famiglia possa mai definirsi tale.

Sognando Messi
Siria

Cara Isra,

ti sento chiacchierare oltre la tela cerata, eppure mi manchi già.

Insieme al sacco a pelo, è la tua risata che porterò con me in questo viaggio. Non tutta quanta, stai tranquilla. Solo un po'. Dopotutto, tu ne hai a non finire, da sempre. So che non ne sentirai la mancanza.

Ricordo come se fosse ieri il tuo primo giorno in campo. Avrai avuto, quanto... quattro anni? Eri un batuffolo di vestiti, da tanto faceva freddo quel giorno (e da tanto eri paffuta all'epoca!). Giocavo in porta, ed era la partita più importante della stagione, contro quegli imbroglioni di Darat Izza, e tu lo sapevi perfettamente. Zia dice di no, ma sei sempre stata troppo sveglia per non saperlo, tu. Ed è per questo che trovo il tuo piccolo atto di sovversione ancor più significativo. Sapevi quello che volevi e te lo sei preso, mandando a quel paese tutti gli altri.

Ma, dimmi: tu, almeno, te lo ricordi? Non vorrei che adesso saltasse fuori che, mentre io sono qui a scrivere questa sviolinata sul «giorno più significativo delle nostre vite», tu non te ne ricordi nemmeno!

Non importa, lascia che lo rispolveri per entrambi, già che ci sono.

Era il calcio di rigore. Quello decisivo, se posso aggiungere un po' di pepe a questa storia. Io me ne stavo lì, le ginocchia piegate, madido di sudore nonostante il gelo micidiale, le palpebre che non si azzardavano a sbattere per paura di perdersi l'istante fatale. E l'attaccante avversario lo sapeva, mi leggeva addosso l'angoscia (quelli di Darat Izza sono fatti così), e ci giocava, un gatto con il suo topolino. Potrei abbellire il racconto dicendo che l'avrei parato, quel rigore, ma la verità è che ci avrei giurato, al cento per cento proprio, che avrebbe segnato. Lo sapevo io, e lo sapeva pure lui.

E poi è arrivata la tua risata. Parlo della tua risata prima di parlare di te perché merita quasi di essere un personaggio a sé stante in questa storia. Non accade così spesso che il riso di una quattrenne fermi un intero campo da calcio, non credi? Così acuto, così argentino – è sempre stato così, da quella volta: quando entri in campo, che sia un'amichevole o la partita della vita, non c'è niente da fare, a te viene da ridere. Ti sbellichi proprio, anche se un attimo prima ti contorcevi dall'ansia. Anche se, come dici sempre, è il grande amore della tua vita, a te il calcio fa ridere. E questo fa impazzire gli avversari, naturalmente.

In ogni caso, la tua risata ha invaso il campo e tu l'hai inseguita, e così, in un momento, avevi tutti gli occhi addosso. Soprattutto quelli di Zia che, dopo essere ruzzolata a terra nel tentativo di acciuffarti, si nascondeva dalla vergogna con il velo. Ma tu non ci hai fatto caso, hai continuato a correre verso... verso... verso...

All'inizio pensavo verso di me. Ho sorriso, mi sono abbassato su un ginocchio e ho spalancato le braccia. Non ci credevo mica, che mia sorella – proprio mia sorella – avesse lo stomaco di fare una cosa del genere. Ma poi hai virato e ti sei buttata sul pallone, senza mai smettere di sghignazzare, e l'attaccante si è rotolato per terra: anche lui non riusciva a trattenersi. Ti sei messa a calciare il pallone verso la porta, sempre più vicino, finché hai tirato, sei caduta all'indietro, e io mi sono tuffato in modo plateale, mancandolo apposta – giuro solennemente che è stata la prima e unica volta in cui ti ho lasciata vincere, so quanto lo detesti.

Il tuo primo gol.

Tutti ridevano e battevano le mani, e solo allora Zia ha trovato il coraggio di sbirciare da dietro il velo. Suo malgrado, ha sorriso a sua volta.

Non avrebbero esultato per molto vedendoti in campo, beninteso, ma quella volta, almeno, ti hanno trovata adorabile, tutti quanti.

Quello era stato l'ultimo gol della partita, sai? Subito dopo si erano messi a bombardare, e abbiamo dovuto sospendere e correre al rifugio sotterraneo, noi insieme a quei fetenti di Darat Izza... che poi, come si è scoperto, così fetenti non erano. Bilal, così si chiamava l'attaccante del rigore. Non so se lo sai, ma è proprio lì che ci siamo conosciuti, in quelle sedici ore passate a pregare e cantare e ballare, qualsiasi cosa per dimenticarci del mostro che imperversava sopra le nostre teste. Siamo entrati nemici e siamo usciti amici per la vita.

Strana bestia la guerra, no?

Non hai sempre riso, però. Sei nata sincronizzando il tuo pianto al grido delle bombe. Come te, anche la guerra era appena nata. Mentre cadevano le scuole e i monumenti perdevano la testa, tu ti sei affacciata a un mondo che non aveva nulla da darti. Eppure non ti sei mai arresa all'evidenza.

In campo ti sei sempre spanciata dalle risate, ma fuori no, fuori ti facevi venire quell'espressione solo tua, e presto abbiamo imparato che non ce n'era per nessuno, quando ti veniva quello sguardo. Era come dicevi tu, punto e basta. E quindi in viaggio mi porto anche il tuo sguardo di tigre, insieme al cambio di jeans. Se riuscirò a imitarlo anche solo per metà, qualcosa mi dice che mi sarà ben più utile dei pantaloni di ricambio.

Comunque alla fine ci siamo usciti, dal rifugio sotterraneo, tutti un po' cambiati, come spesso accade quando ti crolla il mondo sopra la testa, amici per la pelle con quelli di Darat e via dicendo. Ma chi davvero è uscito diverso sei stata tu. E, soprattutto, Zia.

«Non fatevi venire strane idee» aveva intimato appena rientrati in tenda. «La gente ha riso per quello che ha visto, una pulce che prendeva a calci un pallone... non una *calciatrice*. Non fatevi venire strane idee!»

Io, di strane idee, non me ne ero fatte venire. Non sono mai stato il tipo da ribellarsi. Tu, invece... be', insomma, non è per niente che voglio copiarti lo sguardo di tigre, o sbaglio? Tu sei uscita dal bunker con una missione ben chiara in mente: calciare di nuovo quel pallone.

E fare gol.

E così hai iniziato a seguirmi – anzi, che dico? A *pedinarmi* ogni volta che uscivo di casa, a prescindere dalla destinazione, nella speranza che andassi ad allenarmi. O, per essere precisi, con il sospetto che andassi ad allenarmi senza dirlo. All'inizio te ne stavi a bordo campo, accigliata, a guardarci giocare. Poi, con una disinvoltura sconcertante, hai cominciato a ronzare intorno all'allenatore, portandogli i coni, riempiendo le borracce, dando una mano, insomma, e lui ti ha lasciato fare perché, visto che i soldati avevano obliterato anche l'ultima scuola rimasta in piedi, tutto sommato era meglio lì, per una bambina così piccola, rispetto al campo per sfollati.

Nel giro di un anno, stavi già tirando in porta.

Da sola, beninteso. Non c'era mica una squadra femminile, men che meno della tua età, e quindi l'allenatore ti faceva esercitare insieme a noi. All'inizio, devo essere sincero, volevo sotterrarmi per l'imbarazzo. Ero sicuro che i miei compagni di squadra mi avrebbero fulminato con lo sguardo e maledetto sottovoce ogni volta che interrompevi gli allenamenti per fare quei tuoi tentativi un po' goffi, accompagnati da una risata fuori posto. Invece, non appena entravi in campo, l'intera squadra si scioglieva. E se pensi che sia cosa da poco, be', ripensaci! Eravamo un gruppo di adolescenti ruvidi, noi, grondanti di sudore, fumatori incalliti, con il calcio come unico sfogo dalla follia che ci circondava. Eppure al solo vederti, Isra, tutti sottolineavano i tuoi tentativi con un coro di «Oh!» e «Ah!» e smancerie varie che neanche le mammine più premurose riescono a fare. Eri la cocca della squadra, e quando hai iniziato a capirci davvero qualcosa, di calcio, quando hai iniziato a migliorare, ti abbiamo battezzata con il nome del nostro idolo, l'uomo che tutti ambivamo a diventare per riuscire, un giorno, ad andarcene di qui.

Cristiano.

Il tuo fan numero uno, però, era il povero Fadil, l'allenatore. Quell'uomo, pace all'anima sua, ti a-d-o-r-a-v-a. Probabile che vedesse in te la figlia che aveva perso qualche anno prima, chi lo sa. Sta di fatto che, quando avevi più o meno otto anni e già tenevi testa ad alcuni dei più pigri di noi, ha fatto l'impensabile, un vero atto di coraggio – e io lo so perché c'ero e, se fossi stato in lui, me la sarei fatta sotto. Insomma, ha parlato con Zia.

«Hai cambiato la tela cerata?» ha esordito quel giorno. «No, perché, insomma, questa nuova sfumatura di blu dà un non so che di raffinato all'ambiente, sembra quasi di essere... in Costa Azzurra!»

Zia si è girata con il cucchiaio di legno in pugno. «Quale dei due?» ha chiesto, e il tono era così minaccioso che ho cercato di incrociare il suo sguardo e comunicarle con il pensiero: «Non io!».

«Quale dei due?» ha ripetuto Fadil, con un sorriso innocente.

Zia ha fatto un passo verso di lui. «È la piccola, non è vero?» Si è messa ad agitare il cucchiaio, e Fadil ha fatto un passo indietro. «Cos'ha combinato? Eh, cos'ha combinato quella piantagrane questa volta!?»

Fadil ha finto di annusare l'aria. «Stai forse preparando le yalanji? Il profumo è delizioso, hai cambiato ricet...»

«Sputa il rospo!»

Ecco, questo è il momento in cui stavo per farmela sotto. Tu lo sai com'è, Zia. Non è cattiva, anzi, è un pezzo di pane, ma ha le lamette dentro. E il cucchiaio è la sua arma più micidiale.

In ogni caso, adesso basta parlare di Zia, che comunque è bellissima e intelligentissima e totalmente, assolutamente perfetta in ogni modo. Capito, Zia? Perfetta in ogni modo, questo sei!

(Si sa mai che questa lettera le capiti tra le mani, un giorno, e chi di noi può affermare con certezza che il lancio del suo cucchiaio di legno non superi in qualche maniera chilometri e confini per colpire il bersaglio? Insomma, non si è mai troppo prudenti, dico bene!?)

A ogni modo, tornando alla tenda color Costa Azzurra e

al profumo delle yalanji, Zia sembrava sul punto di percuotere Fadil quando sei entrata. E tutti, ma proprio tutti e tre, siamo rimasti a bocca aperta.

Soldi per comprarti la divisa proprio non ce n'erano, e quindi giocavi sempre con i vestiti che Zia ti metteva addosso, con suo infinito e rumorosissimo tormento. Ma era da un po' che minacciavi – e non uso questa parola con leggerezza – di procacciarti una divisa, in un modo o nell'altro, e figurarsi se avresti permesso a una minuzia come il vil denaro di fermarti. E così, naturalmente, quel giorno fatidico hai scelto proprio il momento più drammatico possibile per fare il tuo debutto. Come si è scoperto, te l'eri fatta tu, la casacca: un sacchetto di plastica, bucato in tre punti per far passare le braccia e la testa, colorato a pennarello di bianco e di azzurro. Sulla schiena, al centro, il numero 10 e, appena sopra, un nome.

Messi.

E mentre Zia gridava, agitando il cucchiaio, che una femmina che giocasse a calcio non l'avrebbe mai e poi mai accettata in famiglia (il mese dopo si sgolava per farti il tifo alla partita), Fadil applaudiva e ballava per la tua audacia dicendo: «Tale padre, tale figlia!». Ma sono stato io quello che più di tutti ha perso le staffe, e lo sai che non è affatto da me. Che ci posso fare? Davanti a un affronto di quelle proporzioni non ci ho più visto.

«Siamo fan di Ronaldo in questa casa» ti ho intimato.

E tu, che a quel punto già mi rubavi la palla con facilità, hai detto: «Tu puoi anche tifare Ronaldo, se vuoi. Io penso con la mia testa».

Ed è finita così.

Chiedo scusa. Nella foga di raccontare questo aneddoto, mi sono dimenticato di scrivere cosa, in effetti, Fadil ha chiesto a Zia quel giorno. Anche se immagino che tu, il risultato di quella pacifica chiacchierata, non te lo scorderai mai, per il resto della vita.

Il fatto è che era da un po' che avevi adocchiato la squadra degli under 10. Si allenavano appena prima di noi: erano nervosi, veloci come schegge e sembrava avessero una riserva inesauribile di saliva da quanto sputavano per terra. Soprattutto, erano maschi, e tu con il genere maschile ti sei sempre trovata a tuo agio. Infatti, più sono machi e meglio è per te, perché ti risulta più divertente rimetterli al loro posto, quando cercano di trattarti da femminuccia. Sei diabolica in questo senso, lo sai, vero?

In ogni caso, è proprio per l'under 10 che Fadil era pronto ad affrontare la punizione del cucchiaio di legno.

«Ecco, insomma» aveva detto dopo la tua grande entrata, «ci sarebbe questa... hmm, come chiamarla? Possibilità? No, forse non è la parola giusta. Opportunità, sì, meglio, molto meglio... questa opportunità che Isra entri nella squadra under 10 e...»

«L'under 10 femminile?» l'aveva interrotto Zia.

E c'era stato questo secondo, lungo, lunghissimo secondo, durante il quale da una parte Zia sapeva benissimo la risposta alla sua domanda, e dall'altra Fadil si era rassegnato a interloquire con il cucchiaio anziché con la cuoca... Per farla breve, il giorno dopo Fadil si è presentato al campo con un bernoccolo in fronte – «Frutto di una caduta in bici» (che non aveva) –, con un nuovo membro dell'under 10 per mano e con la promessa solenne di non parlare mai, mai e poi mai, di quanto era successo in quella tenda.

E così è iniziata la tua carriera calcistica ufficiale.

Due mesi più tardi, i ribelli sono arrivati in città e hanno arruolato Fadil, anche se era troppo vecchio per essere d'aiuto al fronte, facendo a tutti noi dell'under 18 una promessa: «Godetevi il pallone finché potete, perché appena compite diciott'anni veniamo a prendervi». Mi ricordo come se fosse ieri di aver pensato che fosse un'affermazione alquanto bizzarra da parte di un soldato che aveva meno barba di me.

È stata l'ultima volta che abbiamo visto Fadil.

Mentirei, però, se dicessi che sono stati anni tristi. Al contrario, sono proprio questi anni, insieme alla misbaha di papà, che porterò via con me viaggiando, per farmi forza nei momenti di solitudine.

Ma, prima di parlare della tua ascesa alla celebrità locale, torniamo un attimo su quella casacca di plastica bianca e azzurra che hai creato in quello che posso definire solo un barbaro gesto di spregio nei miei confronti. Non l'ho mai capito, io, perché proprio Messi. Insomma, non ero forse stato un buon modello di riferimento maschile, imitando il taglio di capelli di Ronaldo, la sua camminata e, come mi illudevo ai tempi, anche il suo carisma? Non ti ho forse cresciuta con dei sanissimi valori calcistici e morali? E allora perché hai scelto l'altro!?

Si scherza, Isra, si scherza! Posso quasi vedere i tuoi occhi di tigre strizzarsi, come se fossi sul punto di lanciarmi piccoli pugnali, mentre leggi queste righe, quindi lo ripeto: si *scherza*. Tu fai di testa tua, e l'hai dimostrato – altroché, se l'hai dimostrato – in questi ultimi tre anni.

Come quella volta al mercato.

Avrai avuto nove anni. Faceva un freddo becco quell'inverno. Cioè, te la ricordi, quella bufera forsennata prima di capodanno? Incredibile è dire poco. Ci eravamo svegliati con la tenda completamente sotterrata dalla neve e avevamo dovuto scavarci l'uscita con le pentole. L'intero campo si era trasformato in un labirinto immacolato, cose da pazzi!

Ovviamente Zia ci ha mandato al mercato quel giorno.

«Abbiamo finito il carbone» ha detto. «Qualcuno lo deve comprare.»

Sì, certo. «Qualcuno.»

«Non possiamo andarci domani?» hai chiesto, annoiata.

Quel «qualcuno» ero io e solo io, chiaro, ma ogni volta che Zia mi spediva a fare una commissione, tu ti aggregavi sempre. Era iniziato per paura che andassi a giocare senza di te, il tuo pedinarmi, ma ormai era diventata una tradizione. Tenera e un po' inquietante, come ogni tradizione che si rispetti.

«Sicuro!» aveva risposto Zia, il cucchiaio già in pugno. «Andate pure domani. Così stasera possiamo digiunare e morire di freddo. Anzi, perché non dormiamo direttamente all'aperto? È più facile amputarsi i geloni alla luce dell'alba!»

Abbiamo iniziato a prepararci senza ribattere. (Se stai leggendo questa lettera, Zia, sappi che il tuo senso dell'umorismo è imbattibile. Im-bat-ti-bi-le. E così il tuo... ottimismo.)

Strano ma vero, il mercato era semivuoto.

C'erano solo il tizio del carbone, quello strambo con gli occhiali ma senza le lenti, che per leggere si aggiustava la montatura sul setto nasale, come se facesse qualche differenza; accanto a lui il venditore di spezie, un uomo scheletrico che non faceva che starnutire servendo i clienti; e infine questo tipo nuovo, i capelli rossicci come alcuni curdi, che vendeva magliette, in pieno inverno. Non erano delle magliette qualunque, però. Erano maglie da calcio.

Ci siamo quasi scordati il carbone, ed era ormai buio quando abbiamo finito di ammirare la sua mercanzia e rovistare tra i suoi scatoloni, ognuno finendo con la maglia dei suoi sogni tra le mani. E ce ne siamo ricordati, alla fine, del carbone, solo perché lui ha fatto un suono seccato con la lingua, come a dire: «Ma comprate qualcosa o no?».

E la risposta era no, certamente. Avevamo solo i pochi spicci del carbone in tasca e, sebbene l'idea di sperperarli fosse balenata a entrambi, nessuno dei due aveva alcuna voglia di assaggiare il cucchiaio di legno. Insomma, se fossero stati solo i geloni, avremmo anche potuto rischiarla, ma Zia era un deterrente sufficiente per farci comportare bene. Abbiamo gettato un'ultima occhiata bramosa alle rispettive maglie, abbiamo sospirato e, sognanti, ci siamo rassegnati.

Ma questa è solo metà della storia, ricordi?

«Non fare il tirchio!» mi avevi intimato aggrappandoti alla maglia che avevi scelto. «Di' la verità, tu qualche soldo da parte ce l'hai, e il mio compleanno è appena passato, e che fine ha fatto il mio regalo?»

«Ma lo sai che i bambini dovrebbero rispettare chi è più anziano di loro» ho risposto nel tono più condiscendente di cui fossi capace, «soprattutto le femmine con i fratelli maggiori?»

E tu, che conoscevi i miei trucchetti a menadito, ti sei ammutolita per evitare di cadere nella mia trappola e sei diventata paonazza, rossa come un pomodoro, dalla rabbia. Ora lo posso ammettere: l'avevi vinta tu, la discussione, e l'avevi vinta in partenza. Perché avevi ragione, sia sul mio mancato regalo di compleanno che sulla mia tirchieria quella sera, dato che, di soldi, a quel punto ne avevo.

Era successo appena dopo la scomparsa di Fadil.

Le due squadre, sia l'under 10 che l'under 18, erano rimaste senza allenatore. E senza un mentore. E senza un brav'uomo a trecentosessanta gradi, a dirla tutta. E sottolinearlo è cruciale, se lo si paragona a Carim.

Ah, Carim, Carim, Carim.

Carim che veniva ad allenarci con almeno quarantacinque minuti di ritardo ogni singola volta. Carim che, l'under 10, non voleva neanche sentirla nominare («Quell'insopportabile mucchio di piagnoni»). Carim che, nel tentativo di riaccendere la rivalità con quelli di Darat Izza, ha cementato definitivamente la mia amicizia con Bilal. Carim che ha preso il posto di Fadil a bordo campo ma mai, mai e poi mai, nel cuore di noi giocatori.

(Lo so, sto facendo il sentimentale, ma ti tocca chiudere un occhio stavolta. E comunque lo so che hai smesso di leggere per soffiarti il naso.)

Un risvolto positivo, questa faccenda, l'ha avuto, tuttavia. Ho trovato lavoro. Ed è stato proprio grazie a Carim – o meglio, a causa sua. Dato che lui agli under 10 era allergico, e tu non potevi certo allenarli (ancora), sono stato io a raccogliere il testimone. Non per la mia bravura, beninteso, ma per la mia supposta affinità al vostro gruppo, o per proprietà transitiva, immagino, del semplice essere tuo fratello.

Questo perché tu a quel punto eri già la promessa della squadra.

Non vorrei tediarti elencandoti i tuoi successi, ma qualcosa mi dice che non saresti esattamente entusiasta se decidessi di ometterli completamente. Quindi, eccoti accontentata:

1. Hai segnato sette gol durante la tua prima partita, il tutto senza mai smettere un secondo di ridere come una forsennata.
2. Hai smesso di ridere solo per mandare ko il capitano della squadra avversaria con una testata per averti detto di «tornare in cucina».

3. Nel giro di sei mesi, con mia indicibile costernazione, ti sei guadagnata, a detta di tutti, il titolo di «Piccola Messi».

E quindi eccoci qua, tu l'astro nascente del campo per sfollati, e io il tuo dedito allenatore. Che era un lavoro volontario, se solo non fosse stato per la generosità di qualche genitore che voleva – a tutti i costi, ti dico – ricompensarmi con un piccolo segno di gratitudine per il mio mirabile impegno. E io ho provato a rifiutare, a dire che lo facevo per pura passione, ma lo sai com'è – uno dei due deve pur rispettarli, gli anziani.

Dunque, ora che tutte le carte sono scoperte, diciamocelo che il tuo «Che fine ha fatto il mio regalo?» nascondeva un significato ben più insidioso del semplice rimprovero. Era il tuo modo di dirmi: «So cosa stai facendo, Zia non ne ha idea, ma io sì, e adesso mi compri questa maglia bianca e azzurra dell'Argentina con dietro il numero 10 e il nome Messi, oppure glielo dico».

Ero in trappola. Avrei potuto dirti che non avevo soldi miei addosso, che tenevo tutto in un buco per terra, sotto il mio letto, risparmiando per potermi comprare, un giorno non troppo lontano, quel lettore MP3 che avevo adocchiato in una vetrina a Darat Izza, ma sapevo fin troppo bene che giustificandomi non ci avrei guadagnato nulla. Avresti trovato il modo di battermi in astuzia, per poi trascinarmi al mercato, la grana in tasca, l'indomani, o il giorno dopo, o quello dopo ancora, anche attraverso la bufera se necessario, per ottenere il regalo che, come da tradizione, spetta da parte dei maschi della famiglia alle bambine, in occasione del loro compleanno. Sei così da sempre, da quando mamma ti voleva mettere a letto e tu, per tutta risposta, senza neanche degnarti di piangere, gattonavi via. Quando ti metti qualcosa in testa, non c'è ragione che tenga.

Quindi no, non potevo batterti con la logica.

Dovevo giocare sporco.

«Proprio qui!» ho risposto, sfoderando un gran sorriso. «È proprio qui, il tuo regalo. Erano mesi che mettevo soldi da parte, aspettavo qualcosa di davvero speciale, e finalmente si è presentata l'occasione.»

Tu hai corrugato la fronte, fiutando la trappola.

«Ma non credi sarebbe sconveniente» ho continuato, «un po' di cattivo gusto e senza dubbio contrario alla tradizione fartelo scegliere, questo regalo, e comprarlo davanti a te? Dopotutto, nel giorno del compleanno si festeggia la nascita e l'esistenza della persona, e quale modo migliore di un regalo per dimostrare a quella persona quanto bene la si conosce?»

Ho stirato il sorriso al massimo e, nel farlo, prendendola con i pollici e gli indici, ho sollevato, molto lentamente, la maglia rosso fuoco della nazionale portoghese, sulla schiena il numero 7 e il nome Ronaldo.

Siamo rimasti in silenzio, a fronteggiarci, tu con la tua maglia e io con la mia. Una lunga pausa... e poi hai fatto spallucce e hai gettato la maglia nello scatolone in cui l'avevi trovata. Così, come se non ti importasse nulla.

«Allora» hai detto. «Questo carbone?»

Ah! Te l'avevo fatta, per una volta. Ho restituito la maglia del Portogallo al mercante (che mi ha maledetto a mezza bocca) e ti ho seguita verso il carbonaio. Ed è in quel momento che l'ho capito: ti conoscevo bene davvero. Al venditore di maglie, la tua deve essere sembrata una sconfitta. Il modo in cui hai abbandonato l'oggetto dei tuoi desideri nello scatolone senza più degnarlo di uno sguardo, il tono sbrigativo della risposta, il passo veloce mentre ti allontanavi – tutto faceva pensare a qualcuno che proprio non sa perdere. Ma tu sapevi perdere, altroché. Perdere era una delle tue specialità. Oltre a vincere, naturalmente.

«Se vuoi trionfare una volta» soleva dire Fadil durante gli allenamenti, «sii pronto a fallire almeno due volte.» E tu ne avevi fatto il tuo motto, soprattutto da quando lui non c'era più. Lo ripetevi ogni giorno in campo, quando sbagliavi i rigori e quando scivolavi strappandoti i vestiti. E me lo avevi trasmesso, a lungo andare, così che poi avevo iniziato a dirlo anch'io.

No, Isra. La tua, quel giorno, non era affatto una sconfitta.

Era un gesto d'affetto.

Lo so, lo so, lo so, sto diventando melenso di nuovo. Ma credimi quando ti dico che è stato davvero un punto di svolta per me. Quella sera al mercato io ho capito di non aver più davanti a me il batuffolo di vestiti che aveva invaso il campo da calcio cinque anni prima. Avevo davanti qualcun altro, non una sconosciuta, ma qualcuno di forte e deciso e sveglissimo, e ci sono rimasto di sasso, perché mi eri cresciuta sotto il naso senza che me ne accorgessi veramente. E mi sono sentito fiero – sì, fiero – di essere non solo tuo fratello ma anche il tuo allenatore.

Insomma, tutto questo per dire che lo so che hai mollato la presa sulla maglia di Messi perché sapevi quanto fossero importanti per me quei risparmi. E non tanto per il lettore MP3 che mi volevo comprare, figurati. Quei soldi mi facevano sentire al sicuro. Mi davano l'illusione che, se davvero i ribelli fossero tornati per portarmi via, non sarei finito come Fadil. Mi facevano sognare un domani in cui tu, Zia e io avremmo potuto lasciare la Siria e cercare un posto in cui i sogni si potessero ancora realizzare. Anche se andarcene ci avrebbe spezzato il cuore.

Di ritorno al campo, Zia ci ha chiesto come mai avessimo impiegato così tanto a rincasare, noi le abbiamo risposto di essere stati inseguiti dai jinn nella neve, e lei ha roteato gli occhi attizzando il fuoco.

Quando mi sono coricato, più tardi quella sera, ricordo di aver dovuto reprimere il presentimento che qualcosa di grave incombesse su di noi, e che tu fossi l'unica abbastanza forte da combatterlo.

Il giorno dopo mi sono svegliato prima di te, ed è stata l'unica volta in cui sono riuscito a svignarmela di casa senza che tu te ne accorgessi.

Sono tornato al mercato e ho comprato la maglia che volevi.

Alla fine me lo sono accaparrato, quel lettore MP3. Ci ho messo molto più del previsto, ma sono riuscito sia a risparmiare un gruzzolo niente male nel buco sotto al letto che a togliermi qualche sfizio.

(Zia, sono felicissimo di sapere che leggerai questa lettera solo dopo che me ne sarò andato, perché non oso immaginare la tua furia venendo a conoscenza del fatto che avevo dei soldi da parte e non te l'ho detto!)

Può sembrare una sciocchezza, il lettore MP3, ma lo sai com'è ultimamente da queste parti. A Darat Izza nessun problema, sono più permissivi là, ma da noi, nel nostro campo? La musica qui è considerata un «problema» dai ribelli, che non fanno che additarla come «peccaminosa», e così anche dalla gente qualunque che, semplicemente, non ha voglia di avere rogne. Che poi è il motivo per cui siamo cresciuti con un tale silenzio, ogni giorno, per anni. Un silenzio tombale, se posso usare un termine un po' infelice. A parte quando cadevano le bombe, chiaramente. Ecco perché aspettavamo che tutti, ma proprio tutti, se ne fossero andati a dormire, prima di rannicchiarci sotto le coperte e perderci tra le note musicali, tu e io.

Questo, almeno, finché Zia non ci ha strappato le coperte di dosso, una sera, beccandoci con le dita nella marmellata. Dopodiché eravamo in tre a litigarci gli auricolari.

Te lo saresti mai aspettato? Io no di certo! Zia è una donna ruvida, una tipa pragmatica, che non ha tempo per le frivolezze. O così diceva. Ma fai partire una vecchia canzone, ed eccola chiudere gli occhi, cantarla a mezza voce e ballare, persino! Zia ama la musica quasi quanto ama noi.

E ama una canzone in particolare.

«Il giorno in cui ci dovremo salutare» sussurrava rannicchiata sotto le coperte, «se le mie ultime parole non sono "Ti voglio bene", sarà solo perché ho dovuto fuggire.» Una sola, triste lacrima le rigava la guancia.

Le ricordavano Zio, quelle strofe. Lo ricordo a malapena, se devo essere sincero. Calvo, emaciato, sempre sorridente. Si è ammalato prima della guerra ed è mancato quando hanno distrutto gli ospedali. E, insieme a lui, anche lei ha smarrito una parte di sé. Quella che rideva. Fa finta di niente, il più delle volte, perché è più facile tirare avanti nascosti dietro un cucchiaio di legno, ma io lo so. Parte di me, però, ama pensare che non l'abbia persa del tutto, quella risata.

Mi piace pensare che l'abbia passata a te. E, se devo essere sincero, credo sia per questo che è sempre la prima ad arrivare al campo e sempre l'ultima ad andarsene. Per sentirti ridere mentre prendi a calci quella palla. Le ricorda di una vita precedente.

Una vita migliore.

Avevi dieci anni, e io da poco diciotto, quando sono venuti a prendermi.

È successo durante un allenamento, poco più di un anno fa. Il fuoristrada dei ribelli si è fermato sgommando, vomitando nero dal tubo di scappamento, e loro sono usciti con i mitra puntati, quasi non riuscissero più a distinguere un campo da calcio da un campo di battaglia.

Per un secondo ho pensato che Fadil sarebbe sceso insieme a loro e ci avrebbe riabbracciati, finalmente. Pia illusione... invece, uno dei miliziani ha abbracciato Carim, quel farabutto, e lui gli ha passato la lista dei nostri nomi e delle nostre date di nascita.

Ne hanno scelti sei, i più grandi, i più muscolosi. Io ero uno di loro. Ho sentito il terreno scivolarmi via da sotto i piedi e ho dovuto sedermi a terra, fradicio di sudore, a riprendere fiato (invano) come dopo una sconfitta ai rigori. Nessuno tra i compagni di squadra ha detto una parola. Cosa c'era da dire? Si partiva e non si tornava, questa era la sorte degli uomini qui intorno. Prima mio padre, e adesso io...

Ho sentito l'impeto del tuo abbraccio prima ancora di vederti arrivare. Mi hai travolto, e io, che ero seduto a terra, sono ruzzolato di lato, e tu sopra di me, infischiandotene di cosa potesse pensare la gente.

Carim ha borbottato qualche parola di disapprovazione, ma tu non ci hai fatto caso, mi hai stretto con tutta la forza che avevi e mi hai seppellito la fronte nel collo, piangendo lacrime amare. E questo mi ha fatto sentire un po' meglio perché, se non altro, avevo qualcosa da fare, qualcuno da rassicurare, anziché autocommiserarmi e basta.

«Ehi, ehi» ho detto ricambiando la tua stretta. «Va tutto bene.»

Hai alzato il capo di scatto, le guance arrossate dal gelo e dalla rabbia, la bocca serrata, il naso arricciato, ed eccoli, gli occhi di tigre, pronti a sfidare la sorte, persino, per me. Noi due contro il mondo intero, è sempre stato così, non è vero?
«Non vai da nessuna parte» mi hai sibilato nell'orecchio.

E «Non vai da nessuna parte» ti ha fatto eco Zia, poco dopo, nella tenda, ma con il tono di chi stesse rimproverando un bambino capriccioso. «Con tutto quello che ho da fare qua attorno! Cucino, spazzo la tenda, vi lavo i vestiti... e questo adesso vuole andarsene al fronte con quegli scellerati? No, non credo proprio. E poi chi me lo prende, il carbone!?»

Carbone o non carbone, non c'era tanta scelta. Avrei dovuto farmi trovare, le valigie fatte e gli addii detti, al campo da calcio l'indomani, pronto per il fronte. Zia, però, aveva altri piani.

«Ma Zia, io...»

«Non voglio sentire storie!» ha detto, voltandosi dall'altra parte. «Tu non vai proprio da nessuna parte.»

Ho sorriso, perché sapevo che stava nascondendo le lacrime.

Il piano era semplice: Zia avrebbe preparato un borsone con l'essenziale, e tu l'avresti trasportato senza dare nell'occhio, come se stessi andando ad allenarti, in uno dei condominii bombardati nella città vecchia, dove mi sarei nascosto finché le acque non si fossero calmate. Qualche giorno, massimo una settimana o due, avevamo detto salutandoci nel campo per sfollati quella sera. È passato un anno.

Ma, di nuovo, non posso dire che sia stato tutto negativo. Certo, senza elettricità non è il massimo, e ho scoperto subito la prima notte che le macerie si trasformano in mostri terribili, al buio, nella mente di chi ha solo loro come compagnia. Troppo spesso trovavo l'acqua nel catino per farmi la doccia completamente congelata svegliandomi la mattina, e questo mi metteva di cattivo umore fin da subito. Non potevo più giocare a calcio, a parte qualche palleggio tra le stanze diroccate, ascoltando l'eco del pallone nel quartiere disabitato. E, come se non bastasse, le yalanji di Zia arrivavano sempre fredde, sebbene tu sia il fattorino più veloce della città. Quindi sì, un anno piuttosto duro, lo dico fuori dai denti, ma con te, almeno, a mantenermi sano di mente.

Hai fatto tutta la differenza, Isra. Tu e Bilal, che hai informato della mia situazione non appena hai avuto l'occasione di giocare a Darat Izza. E lui, che a breve avrebbe compiuto diciott'anni a sua volta, ha salutato la famiglia e mi ha raggiunto per bivaccare insieme a me nel mio regno di detriti. Più per farmi compagnia, suppongo, che per paura di essere arruolato. Se ce l'ho fatta quest'anno è soltanto grazie a voi due.

E spero che almeno questo ti sia di conforto: non partirò da solo stanotte. Bilal sarà al mio fianco.

«Maledizione!» hai sibilato portandomi un piatto di yalanji, mesi dopo. «Maledizione, maledizione, maledizione!» Hai camminato su e giù per la stanza, battendo i piedi.

«Che c'è, tigre?» ha detto Bilal, divertito.

Io, però, non avevo dubbi. Era Carim. Era sempre Carim.

«È un maledetto...»

E hai concluso la frase con una parola che non riporterò in questa lettera. Consideralo il mio primo regalo di arrivederci.

(Zia, nel caso in cui tu stia leggendo, era una parola da niente, leggera proprio, tipo... sciocchino.)

Quando mi ero dato alla macchia, Carim aveva iniziato ad allenare anche l'under 10. Aveva subito preso la sana abitudine di scaricare le frustrazioni dovute al suo trovarsi alle prese con un branco di – parole sue, non mie – «babbuini» direttamente sui giocatori, comandando loro di fare infiniti giri di campo, flessioni e addominali, e sui loro genitori, imponendo una tassa di iscrizione semestrale, «per il suo disturbo».

L'unica a non pagare eri tu, perché tutti sapevano che Zia non aveva un soldo neanche a piangere e poi, diciamocelo, senza di te la squadra sarebbe stata spacciata.

«Chi? Carim?» ho chiesto in tono ingenuo, giusto per stuzzicarti un po'.

Tu hai preso a pugni il muro, poi ti sei accartocciata tenendoti la mano al ventre. «Non pronunciare... quel nome...» hai risposto, dolorante.

Ci sono voluti alcuni minuti, e uno dei famosi e zuccheratissimi tè di Bilal, per farti sbollire abbastanza da sputare il rospo.

«Compio undici anni tra due settimane» hai detto, scottandoti la lingua con il tè, «e questo asino dice che è contro le regole che una femmina giochi nell'under 18, e allora gli ho chiesto chi le facesse, le regole, in un campo dove le porte sono delle assi di legno che cadono una volta sì e l'altra pure, e lui ha detto: "Dovresti rispettare chi è più anziano di te" e io gli ho detto che il rispetto va guadagnato, e gli altri giocatori, anche quelli dell'under 18 che stavano facendo riscaldamento, si sono messi a fare versi, a sghignazzare e a dire: "Rissa, rissa" e lui è diventato così rosso che pensavo stesse per stramazzare sul momento. Alla fine, mi ha detto che se avessimo vinto il torneo regionale under 10 con un mio gol finale, mi avrebbe permesso di giocare nell'under 18, al che gli ho chiesto se valesse la stessa regola anche per i maschi della squadra, e lui si è girato e se n'è andato!»

«Ci credo che è la migliore» ha mormorato Bilal. «Non ha nemmeno bisogno di respirare...»

«Pazzesco!» ho esclamato, sentendo la tua ira contagiarmi. «Quest'uomo è pazzo. Ma chi si crede di essere? Prima mi svende ai ribelli, poi cerca di cacciarti dalla squadra. Lo sai cosa penso? Che ci voleva fuori dai piedi fin dall'inizio. E lo sai perché? Perché eravamo i preferiti di Fadil!»

Lo ammetto, è una teoria un po' stiracchiata, ma non è più romantico se si combatte in memoria di un vecchio amico anziché solo per se stessi?

«Quindi?» hai chiesto, calma di colpo. «Cosa si fa?»

Bilal e io ci siamo guardati e in un istante abbiamo deciso di prenderci una piccola rivincita sul mondo che ci circondava. Avremmo fatto di te, una femmina, la calciatrice migliore di tutta la regione.

Ci siamo allenati tutti i giorni, senza posa, per tre mesi. Scendere in strada, anche in un quartiere fantasma, era fuori discussione, troppo rischioso, quindi abbiamo allestito il palazzo a centro di addestramento, facendoti salire e scendere le scale, evitando gli ostacoli che avevamo disseminato, disegnando con i gessetti le porte sui muri. Non era un allenamento certo ortodosso, ma era imprevedibile, esigente: proprio quello che ti ci voleva per vincere.

«Dice che i bambini non dovrebbero fare domande!» mormoravi con il fiatone.

«Solo gli stolti non fanno domande» rispondevo passandoti la palla.

«Vero!?» E con un ringhio tiravi in porta.

Gol.

«Sei migliore di lui» dicevo per complimentarmi.

«Non mi interessa se sono migliore di lui.» Prendevi un sorso d'acqua, pronta al prossimo esercizio. «Solo se sono migliore di com'ero ieri.»

E niente, Isra. Cosa devo dirti? Sono ancora il tuo fan numero uno.

Non eri sempre così sicura di te, però. A volte sbagliavi un tiro, o inciampavi sulle scale, oppure andavi a sbattere contro lo stipite di una porta divelta perché il tuo corpo stava crescendo più velocemente di quanto la tua testa riuscisse a registrare, e allora tornavi una bambina, una bambina di undici anni, e piangevi e minacciavi, te stessa più che chiunque altro, di gettare la spugna.

Forse è un paradosso, ma mi hai insegnato più tu in questi momenti, sulla vita e sulle sue verità, che chiunque altro in quasi due decadi.

Perché sta tutto qui, vero? Prima vogliamo essere visti. Poi vogliamo essere ascoltati. E poi vogliamo essere capiti. Ma tutto questo non ci basta, non sempre. Alla fine noi esseri umani vogliamo essere ricordati.

«Va' e realizza i tuoi sogni, Isra» ti dicevo in quei momenti. «Non permettere a nessuno di dirti quello che puoi o non puoi fare.»

Allora ti tiravi su, ti soffiavi il naso nella manica, ti asciugavi gli occhi con i palmi delle mani, ed eccolo, lo sguardo di tigre, ardente come non mai.

E sono proprio le tue lacrime, quelle gocce di forza e di coraggio, che porterò con me in questo viaggio. Così che, quando saremo lontani, io possa ritrovarti, anche nel dolore, e tornare a combattere, proprio come te.

La notte prima della finale coincideva con una partita importante per la nazionale argentina. Non che a me importasse, sia chiaro, ma tu non facevi altro che parlarne da giorni e, purtroppo, avevi trovato un fastidiosissimo alleato in Bilal. Anche lui, per qualche ragione, sognava Messi.

E così Bilal e io abbiamo ideato un piano per permetterti di guardare la partita nella speranza di darti la carica per il giorno seguente.

Ora, siamo onesti per un momento: penso che ci siano più probabilità di trovare un asino parlante che una parabola satellitare in un campo per sfollati. Quindi, il campo, non l'abbiamo neanche preso in considerazione. L'unica era la parte intatta della città, nei cui pochi palazzi rimasti in piedi si rintanava la piccola borghesia della zona. La possibilità che qualcuno avesse la parabola a casa c'era, ma non è che dei perfetti sconosciuti potessero semplicemente bussare alla porta e autoinvitarsi. No, dovevamo trovare una soluzione un po' più... creativa. Un'idea un po' sovversiva, alla Isra.

La notte prima, Bilal e io ci siamo intabarrati per bene e siamo usciti dal palazzo diroccato, dopo quasi un anno di autoisolamento, e ci siamo avventurati per le strade deserte, fino a raggiungere i quartieri intatti.

E... bingo!

«Dove andiamo?» hai chiesto la notte seguente, una punta di apprensione nella voce. «Sicuri che non ci sia pericolo per voi?»

«Chi è il fratello maggiore qui?» ti ho risposto.

Abbiamo attraversato la città scivolando di ombra in ombra, schivando i passanti come fossero mostri affamati di carne umana, e ci siamo ritrovati, tutti e tre, davanti alle luci e ai negozi dell'unico quartiere che la guerra, per ora, aveva risparmiato.

Sei rimasta a bocca aperta, non perché fosse niente di che

alla fin fine, ma perché, quando ti abitui a vedere solo tende e fango, anche il minimo comfort ti sembra il lusso più sfrenato. Qualsiasi apprensione avessi provato fino a quel momento si è sciolta in un istante. E, a giudicare dalla dimensione dei tuoi occhi, pareva ti avessimo portato nel luogo più fantastico del mondo.

Anche qui, però, abbiamo dovuto nasconderci.

Bilal e io avevamo calcolato tutto fin nei minimi dettagli (sì, magari!), e così ti abbiamo condotta attraverso un reticolo di vie e viuzze, abbassando il capo davanti ai caffè e agli shisha bar, respirando a pieni polmoni l'aroma dei narghilè alla mela, alla pesca, all'arancia che esalava dalle finestre, fino a raggiungere una strada meno illuminata, con un portone socchiuso. Siamo entrati.

Il palazzo era mezzo disabitato. L'aria sapeva di cavolo e muffa lì dentro. La porta dell'appartamento all'ultimo piano era divelta. All'interno, mobili rosicchiati dai topi e topi rosicchiati dai gatti.

Hai provato ad attivare un interruttore, ma non c'era luce.

«Qui?» hai chiesto, scettica. «È qui che volete guardare la partita? Se è uno dei vostri scherzi, giuro che...»

Bilal si è messo un dito sulle labbra. Poi ha scostato una tenda sfilacciata. E Messi ha iniziato a correre appena fuori dalla finestra.

Ti si sono illuminati gli occhi.

«Lo vedi?» ho detto, compiaciuto. «Niente scherzi stavolta.»

Nel palazzo di fronte, all'ultimo piano, una famiglia stava guardando la partita in salotto. Era una bella famiglia, una famiglia senza buchi. C'erano una mamma, un papà, un bambino, una bambina e persino un cagnolino sul tappeto. Guardavano la partita insieme, come se niente fosse, come se non ci fossero i ribelli, e le bombe, e la guerra a pochi chilometri di distanza. Emanavano un calore abbacinante, al solo guardarli, anche al di là del vetro della finestra. Li abbiamo osservati in silenzio per un minuto.

«Allora?» hai detto tu, rompendo l'incanto. «Mettiamoci comodi e godiamoci la partita!»

Hai tirato fuori le yalanji che Zia aveva preparato per noi, e Bilal ha versato il tè nei bicchieri di plastica. Abbiamo guardato quella partita rubata alla famiglia dell'appartamento di fronte, accoccolati gli uni contro gli altri, quasi fossimo, a nostra volta, membri del loro dolce salotto. Era un po' come sbirciare una realtà parallela, vicina ma lontana, familiare e al contempo irraggiungibile, e ritrovare così chi saremmo stati, se solo le bombe non fossero cadute. Mi ha fatto felice, e mi ha reso triste, e non so perché.

Anche dopo il fischio di fine partita, ci siamo attardati nell'appartamento buio, che a quel punto sentivamo un po' nostro. Abbiamo parlato della partita del giorno seguente, ripassando le varie tattiche di vittoria, assicurandoci che fosse tutto pronto fin nei minimi dettagli, pur sapendo che la vita, troppo spesso, accade proprio nello spazio tra ciò che conosciamo e ciò che possiamo davvero controllare. Dopodiché, abbiamo indossato gli auricolari (a turno) e ci siamo lasciati cullare dalla musica.

«Il giorno in cui ci dovremo salutare, se le mie ultime parole non sono "Ti voglio bene", sarà solo perché ho dovuto fuggire.»

Devi esserti addormentata, a un certo punto. Senza fare rumore, Bilal ha raccolto i bicchieri e il contenitore delle yalanji, io ti ho caricata in spalla e abbiamo iniziato a scendere le scale. Era da tanto che non ti facevi portare in braccio: dicevi che i calciatori devono stare con i piedi per terra perché è così che capiscono il mondo. Ma quella notte tutto era diverso, e ti sei affidata a me. Ed è stato allora che ho potuto constatare, con una fitta di nostalgia, di nuovo, quanto grande fossi diventata. Sei sempre stata una stella, Isra, una piccola cosa luminosa, ma in quel momento ho capito di avere tra le braccia qualcosa di straordinario. Oh, nella tua vita, quante cose vedrai!

Potrei abbellire questa lettera e dire che portarti a vedere la partita è stato il mio secondo regalo di arrivederci. Ma sarebbe una menzogna. Sono io quello che ha ricevuto un regalo quella sera. Quindi posso fare un attimo il sentimentale, adesso? Hai il permesso di fare una faccia disgustata, se vuoi.

È stata la notte più bella della mia vita, quella, la più bella in assoluto, nonostante ciò che è accaduto subito dopo.

«Sono là!» ha gridato una voce, appena usciti dal palazzo.

Ci siamo pietrificati. Di nuovo, come quel giorno al campo, ho sentito il mondo scivolarmi via da sotto i piedi. La strada era deserta, eccetto... un fuoristrada, all'angolo.

I ribelli.

Ho lanciato un'occhiata prima a Bilal e poi a te, ma tu eri già sveglia e conscia del pericolo e pronta a combattere, se necessario. Non potevo permetterlo. Come avrei potuto continuare a vivere, se ti fosse accaduto qualcosa a causa mia?

«Corri!» ho detto a Bilal.

Ti ho rimessa a terra, ti ho preso la mano, e siamo fuggiti nella direzione opposta.

Abbiamo corso a perdifiato. Tu eri più veloce di me e spesso dovevi rallentare per evitare di seminarmi. E loro ci erano alle calcagna, ogni secondo il ringhio del motore si faceva più vicino, più terrificante, una belva addosso alle sue prede. Ho pensato di fermarmi, così, di colpo, e lasciarmi catturare per darti la possibilità di salvarti. Ma sapevo fin troppo bene che non me lo avresti mai concesso. Avresti fatto retromarcia e ti saresti avventata addosso a loro, combattendo con le unghie e con i denti.

Era la fine. Mi ero illuso di poter vivere una vita quasi normale in questo pandemonio ma, di nuovo, questo era, questo e nient'altro: solo un'illusione.

«Di qui!» hai gridato, svoltando.

Per poco non sono inciampato fracassandomi le ossa. Erano i quartieri bombardati, dove mi ero nascosto negli ultimi mesi, un cimitero di macerie e detriti che puntavano al cielo con l'accusa delle falangi spezzate. Qui il fuoristrada non avrebbe potuto pedinarci. In questo labirinto i ribelli non avrebbero avuto possibilità di stanarci. Per qualche ora, almeno.

«Ascoltami» ho detto, dietro un muro diroccato. «È me, non te, che vogliono. Devi...»

«Resto con te» mi hai interrotto.

«Isra, io non posso...»

«Non ti lascio!»

«Isra» ho detto, prendendoti per le spalle, «stavolta devi starmi a sentire. Hai una partita importantissima domani e...»

«Chi se ne importa della partita!»

«No!» ho detto, e dal tuo sguardo ho capito di aver urlato. «Non dirlo mai. È questo che ti fa, la guerra. Sei così impegnato a cercare di sopravvivere che non hai tempo per ricordare i tuoi sogni. E il problema è che, se te ne scordi per troppo tempo, poi iniziano a sbiadire. Magari pensi che lasciandoli nel cassetto i sogni restino intatti, semplicemente in attesa. Ma non è così. Invecchiano e si sciupano, quando li metti da parte. Ed è proprio questo che pensavo fosse successo ai miei. Ma mi sbagliavo. Non sono sbiaditi. I sogni si rigenerano, quando torni a inseguirli. Sei tu, Isra. Il mio sogno più grande sei tu.» Ho sorriso, mio malgrado. «Vinci la partita domani. Fallo anche per me. Ascolta tuo fratello, per una volta.»

E tu, che grande lo eri diventata davvero, hai smesso di protestare, mi hai abbracciato stretto, premendomi il naso nel costato, e sei corsa via.

Come vedi, porterò tanto di te in questo viaggio. La tua risata, il tuo sguardo, le tue lacrime. Solo così sarò abbastanza forte da lasciare la nostra terra, come un criminale, senza salutare Zia, e senza salutare te... Ma c'è una cosa che mi lascerò alle spalle, prima di partire, un terzo e ultimo regalo. Così, proprio perché sono il fratello più generoso del mondo.

Pronta?

(Zia, ora gliela puoi dare!)

È la maglia di Messi. Ebbene sì, quella che tanto volevi e che sono tornato a comprare, quel giorno, al mercato. È una maglia da campionessa, checché io possa pensare dell'uomo che la indossa. Aspettavo l'occasione perfetta per dartela, e quale occasione migliore della tua vittoria?

Che c'è, pensavi che non lo sapessi?

Sei famosa, Isra! L'intera città non faceva che parlare del tuo gol dell'ultimo minuto ieri, la notizia serpeggiava dai bambini di strada ai venditori ambulanti, ed è arrivata fino a me, tra le macerie della mia latitanza. Sono così orgoglioso di te, Isra, così orgoglioso ma per niente sorpreso. È da quando Fadil ha affrontato il cucchiaio di legno che ho la certezza che un giorno avrei sentito la gente cantare il tuo nome.

E ora ce l'hai fatta. Ce l'abbiamo fatta.

Gliel'abbiamo fatta vedere, eh, a quel maschilista di Carim?

In ogni caso, la maglia è tua, te la sei guadagnata. Ah, quanto vorrei superare la tela cerata che ci separa e dartela di persona! Ma rischierei di mettervi in pericolo, e devo partire sapendovi al sicuro, almeno da me.

Posso immaginarmelo, però, il giorno in cui tornerai al campo da calcio, finalmente libera dalla casacca di plastica bianca e blu, per indossare una maglia vera, da professionista. Non che ti serva un pezzo di stoffa per diventarlo, anzi. Questa maglia è semplicemente un modo per dire al mondo che sei pronta ad affrontarlo, senza dover proferire parola. Ti vedo già davanti alla porta avversaria, la palla tra i piedi, il sole in viso e negli occhi la tigre che per tutti questi anni mi ha ispirato a essere un uomo migliore. E, nell'aria, la tua inconfondibile, pazzesca risata.

La stessa che sento qui fuori, mentre racconti a Zia, per la centesima volta, ne sono sicuro, della partita. Ora sì che lo so: ve la caverete. Ve la caverete...

Un giorno, Isra, ci rivedremo. Sarà come non esserci mai salutati. Ti restituirò le risate, gli sguardi e gli abbracci che ho preso in prestito. E tu, che sarai la più grande calciatrice della storia dell'umanità e della galassia, forse mi perdonerai per essermene andato. Ma nel frattempo, come dice la nostra canzone, non ho altra scelta. E, proprio come nella canzone, dato che non ho avuto l'opportunità di dirtelo l'ultima volta che ci siamo visti, lo faccio qui: ti voglio bene.

Hai capito? Ti voglio bene. Ti voglio bene. Ti voglio bene.

Insegui sempre i tuoi sogni.

A presto,

Wasim

Blu cobalto

Congo

Il mio nome francese significa «destino», ma solo mia madre mi chiama così. Il mio nome swahili significa «salvato dalle acque», e così mi chiama Prince, il mio migliore amico. Per tutti gli altri al villaggio, invece, io sono Zeru, il fantasma.

«Musa!»

Raddrizzo la schiena. Mi asciugo la fronte con il dorso della mano. Quando il sole mi si posa sul collo, la mia pelle brucia.

«Musa!»

È Prince. Zoppica su per il fianco della miniera. Tra le mani, un fagotto lercio. «Musa» dice madido di sudore, «guarda cos'ho trovato!»

Prince trova sempre qualcosa. A volte è un gattino abbandonato da una madre terrorizzata dalle esplosioni sotterranee. Altre volte è un «reperto», come li chiama lui, il lascito di una civiltà perduta, roba da museo, dice, che ci connette ai nostri antenati. Stavolta, però, è qualcosa di ben più pericoloso.

«L'ho trovato!» e apre il fagotto. «È oro blu, quello vero!» Fa scorrere le dita sulle estremità affilate. «Vedi com'è puro? Sembra l'oceano!»

«E che ne sai, tu, dell'oceano?»

«Ah!» dice Prince spazientito. «È del colore dei tuoi occhi, allora. Che importanza ha? Il punto è che ci renderà ricchi!»

Gli lancio un'occhiata torva. Il solito esagerato. Il suo pezzo di cobalto pare particolarmente puro, è vero, però da qui a farci diventare ricchi... Ma non è per questo che lo guardo di traverso. È per il commento sul colore dei miei occhi. Lo sa che non mi piace, quando lo sottolinea. Ci sono già tutti gli altri per quello.

«Zeru» mi chiamano al villaggio. Quattro semplici lettere, ma a me paiono infinite. Mi inseguono come la pioggia a cui il villaggio tanto anela, si abbattono su di me come coltelli. Zeru significa solitudine, significa vivere in una capanna lontana, dove la gente può fingere di dimenticarsi di te. È come il numero zero, qualcosa che non esiste. Un non-colore, qualcosa di spiacevole, come la mia pelle, i miei capelli, i miei occhi.

Sospiro. Non riesco a restare arrabbiato con Prince. È sempre così entusiasta delle sue scoperte che a volte non pensa a quello che dice. E poi ora ho ben altri problemi: devo assicurarmi che non ci facciano la festa prima di cena.

«Ehi! Ma che ti è preso?» Gli afferro le mani e chiudo il fagotto. «Se ci vedono, Reine e i suoi ci fanno la pelle!»

Reine è una dei capigruppo tra i bambini della miniera. Ha solo quattordici anni ma è grande e grossa e riporta direttamente al caporale.

Spingo Prince dietro un masso, lontano da occhi indiscreti. I nostri passi levano sbuffi di polvere densissima, ma non ce ne curiamo. Viviamo costantemente coperti di polvere, una pellicola finissima che ammanta ogni cosa. Sotto questo punto di vista il lavoro in miniera offre un vantaggio: qui, almeno, la mia pelle assomiglia a quella di tutti gli altri.

«Non ti è bastata la batosta della scorsa settimana?» chiedo indicando il taglio traslucido che gli spacca il sopracciglio. «Quand'è che vi metterete in testa che non dovete dare nell'occhio, tu e i tuoi amici?»

Stavolta è Prince a lanciarmi un'occhiataccia.

«Non puoi startene da solo per sempre, Musa. La gente non è così male come pensi. E poi i *miei* amici potrebbero essere anche i tuoi, di amici.» Lo dice inarcando un sopracciglio, quasi una provocazione. «Se ci dai una possibilità» aggiunge.

Distolgo lo sguardo. L'aria sa di fumo quassù. A pochi chilometri da noi, un pezzo di foresta sta bruciando. Puoi vedere le fiamme, se strizzi gli occhi.

«Stai attento, tutto qui» dico senza guardarlo.

Prince scuote appena il capo. «Sei sicuro che non vuoi dividere il bottino con noi? La prima cosa che facciamo da milionari, sicuro come l'oro, è una crociera sul fiume Congo per vedere gli ippopotami e le sirene!»

Mi sforzo di sorridere per dissipare la tensione tra noi. «Cioè, stai per diventare ricchissimo, ma proprio ricco sfondato, e la prima cosa che fai è andare a farti divorare?»

Prince ride. «Le sirene, si sa, mangiano solo gli ingordi, e io sarò il miliardario più umile del mondo.» Sta ancora parlando quando inizia a zoppicare giù per la scarpata. «Gli ippopotami, invece... be', loro si pappano chi è troppo lento per i gusti delle sirene, e indovina chi è che chiamano "saetta" qua attorno...» Prince si punta i pollici al petto, continuando a ridacchiare.

Rido di rimando, e stavolta non devo sforzarmi, perché c'è qualcosa di contagioso, quasi epidemico, nell'ottimismo di chi decide di prendere i manghi più aspri che la vita abbia da offrire e berne comunque il succo.

Aveva cinque anni, Prince, uno dei minatori più giovani del sito, quando una frana gli ha distrutto la caviglia sinistra. Da allora è costretto a lavorare insieme alle donne giù al fiume, dove lavano i minerali.

Anche Prince, come me, ha tanti nomi. Nessuno di questi gli appartiene davvero, e nessuno è «saetta», naturalmente. Ma, a differenza mia, Prince se ne infischia. Parte di me vorrebbe essere come lui. Solo che l'altra parte, quella più prepotente, quella che non puoi proprio ignorare, mi dice che ho già troppi problemi così come sono, senza andare a cercarmene altri facendomi vedere insieme al gruppo del fiume.

Per un secondo, mentre lo guardo scendere, sento una fitta di tenerezza. Si incunea tra il petto e lo stomaco, nel mio angolo più remoto, dove custodisco le persone più care. Prince. Il mio primo e unico amico. Il solo bambino in tutto il villaggio a non aver mai visto i miei capelli d'oro, i miei occhi cobalto e la mia pelle lattea come una sciagura. Prince è diverso, come me, ed è proprio questo il problema. Sono anni che cerca di includermi nel suo gruppo – Prince lo zoppo, Amour lo strambo, Grace la rovinata –, ma la gente già adesso cambia lato della strada quando mi vede arrivare, e sapere l'albino relegato finalmente al gruppo del fiume sarebbe la mia condanna definitiva. E, con ogni probabilità, anche la loro.

Mi sporgo oltre il bordo della scarpata. «Quando sarai l'uomo più ricco del Congo» grido attraverso le folate di polvere, «ricorda di offrirmi la...»

Prince si ferma di colpo, e così le mie parole. Il sorriso gli appassisce in volto, lasciando spazio a una paura feroce. Mi si ghiaccia il sangue nelle vene prima ancora di sentire la sua voce.

«Dove pensi di andare, storpio, così di fretta?»

Reine appare da dietro un masso.

Prince fa un passo indietro, si stringe il fagotto contro l'ombelico.

«Fammi un po' vedere cos'hai lì.»

Uno dei tirapiedi di Reine fa uno scatto in avanti e agguanta il fagotto. Prince cade all'indietro, picchiando la caviglia malata contro una roccia. Il suo volto si contrae in una maschera di dolore.

Faccio per scendere in suo soccorso, ma non mi hanno ancora visto. Mi fermo.

Il fagotto passa di mano in mano, e Reine ne schiude i lembi. Gli occhi di lei si accendono. Il cobalto brilla alla luce spietata del primo pomeriggio. «Voilà, voilà» dice nel suo francese stentato. «Cos'abbiamo qui? Un bel bottino, o sbaglio?»

«Sì, sì!» ululano gli scagnozzi.

«E cosa voleva farci, lo storpio? Dimmelo, Prince. Cosa volevi farci con questo bel pezzo di roba, portarlo via di nascosto?»

«No, io...» balbetta Prince, cercando di rimettersi in piedi, ma uno dei ragazzi gli tira un calcio al gomito, facendolo sbattere di nuovo a terra.

«Cosa direbbe il caporale se sapesse che volevi rubarti la sua merce e venderla direttamente ai cinesi?» Reine avanza di un passo e appoggia il piede sulla caviglia di Prince. «O forse cercavi solo attenzione? Forse lo fai apposta così che debba darti la caccia? Di', non sarai mica innamorato di me?» Inizia a poggiare il peso sulla sua caviglia, e Prince sibila tra i denti. «A quelli come voi piace creare problemi, o sbaglio? Ci siete nati, non potete farci niente. Non siete capaci di starvene in disparte, dovete per forza rovinare il nostro villaggio con la vostra...»

Reine finisce a gambe all'aria. Quando rialza lo sguardo, la sorpresa che la infesta è pari alla mia. Ma non c'è tempo per stupirsi, ho attaccato uno dei bulli più pericolosi della miniera, e ora devo affrontare le conseguenze della mia pazzia. Piego le ginocchia, mi calo la visiera del cappello per proteggere i miei occhi sensibili e alzo il martello in alto sopra la testa.

«Sei morto, Zeru...» dice lei aggrappandosi agli scagnozzi per rimettersi in piedi. «Sei morto, hai capito? Stupido albino, sei una maledizione!»

A quelle parole un tirapiedi si lancia in avanti, coltello alla mano. Scarto di lato ma non abbastanza in fretta, e la lama mi lacera la felpa. Calo il martello, solo che anche lui è veloce e lo evita piegandosi all'indietro. Ridacchia. Mi tocco il costato attraverso lo squarcio, ma non trovo sangue, solo la mia pelle che grida al sole. Faccio un passo indietro.

«Tu!» Reine mi punta il dito contro. «Figlio di strega!»

Uno scagnozzo si abbassa a raccogliere una pietra e me la scaglia contro. Mi accartoccio per difendermi, e nel farlo li perdo di vista. È un istante, ma quando torno a guardarli trovo un pugno davanti a me. Lo evito per un pelo. Di colpo mi bruciano le orecchie, gli zigomi, la fronte. Con la coda dell'occhio vedo il mio cappello rotolare giù per la scarpata.

«Tu!» Reine fa un passo verso di me. «Figlio di nessuno, abbandonato dai tuoi veri genitori, rapito dalla strega del lago!»

Il coltello nel pugno di un tirapiedi, i sassi nelle mani dell'altro, e Reine ormai davanti a me, così vicina da potermi afferrare per il collo e scaraventarmi giù dal fianco della miniera con quelle braccia enormi – è in quel momento che capisco di non avere il coraggio di colpirli, neanche se potessi farlo.

«Ogni vita è sacra» dice sempre mia madre, e io non avevo

mai dato tanto peso alle sue parole prima di trovarmi davanti alla possibilità di cambiare radicalmente la vita di qualcuno. Un solo colpo di martello, e chiunque di loro finirebbe a lavare le pietre giù al fiume fino alla fine dei suoi giorni. Ma non ce la faccio. Reine e i suoi vogliono farmi fuori, eppure io non ho la forza di fare lo stesso con loro. Sono patetico, no? Anche in un momento del genere desidero solo che mi accettino, che vedano che non sono poi così diverso da loro, che anche la mia vita è sacra.

Succede in un secondo. Alzo lo sguardo verso il martello, riconosco la sua inutilità, e quando lo riabbasso vedo che anche lei l'ha capito. Sa che la mia diversità fa di me un debole. Reine sogghigna. Non avrà pietà.

«Musa!» grida Prince puntando il dito.

Abbassiamo tutti lo sguardo e lo vediamo: il pezzo di cobalto. Era caduto nella colluttazione, e Prince l'ha recuperato. Me l'ha messo davanti ai piedi, su una roccia piatta. Perché?

Entrambi gli scagnozzi balzano in avanti, e anche Reine si accuccia per afferrare la refurtiva. Nessuno ci sta più guardando. Ed è qui che capisco. La loro brama di ricchezza è più forte dell'odio che nutrono nei nostri confronti.

Abbasso il martello con tutta la forza che ho.

Il cobalto si rompe in mille pezzi. Prince li afferra a piene mani e li getta giù per la scarpata. Con un ringhio furibondo, Reine e gli scagnozzi si lanciano all'inseguimento, scivolando, rotolando, graffiandosi sulla polvere e sui sassi, rincorrendo l'oro blu come i gatti con i gomitoli di lana.

È una scena buffa, soprattutto dopo aver rischiato di rimetterci le penne, e Prince sta già ridendo, massaggiandosi la caviglia. Anche la sua risata è contagiosa, parte enorme sulla bocca, trasforma gli occhi in due pieghe sottili e si diffonde a chiunque gli sia intorno. Senza neanche accorgermene sto ridendo anch'io.

«Sei una maledizione!» sbraita Reine ai piedi della collina. «Mi hai sentito? Avevamo un lago, prima che nascessi, era tutto per noi. E poi sei arrivato tu, e per colpa tua non cade più neanche una goccia, e il lago si è seccato!»

Smetto di ridere. È un'accusa che ho sentito fin troppe volte, ma sussurrata, di solito, dai capannelli di gente che mi guarda passare sulla via principale del villaggio, dopo la messa domenicale.

Mai così.

Zeru non è un nome, è una sentenza. Lo pronunciano non per chiamarti, ma per mandarti via. Chi lo dice non vuole ricordarsi di te, vuole che tu ti ricordi di loro, e della loro normalità, e della tua anomalia. Ze-ru. Una lama sul palato la prima sillaba, una scheggia di cobalto sulla lingua l'ultima. Ze-ru. Il mio nome francese e il mio nome swahili sono più teneri in bocca, ma solo due persone al mondo mi chiamano così, e forse sono proprio loro il problema.

Anche Prince smette di ridere quando vede la mia serietà. So che sul mio volto si è posata una nuvola scura, carica di quella tempesta che il cielo nega al nostro villaggio. Lo so perché i suoi occhi si colorano di nuova apprensione.

Lo aiuto a rialzarsi e lo sorreggo mentre ci allontaniamo il più possibile da Reine e i suoi, ma forse lo stringo un po' troppo forte camminando, non abbastanza da fargli male ma abbastanza da fargli temere l'acquazzone.

Lo lascio andare solo una volta al riparo di un masso, e lui vi si appoggia, la schiena sudata contro la roccia tagliente. Mi guarda con quegli occhi grandi, pronto al rombo del tuono. Non mi esce niente. Ho tante parole a turbinarmi in testa, ma nessuna è rivolta a lui. E così devo inventare, perché quando ci si sente calpestati spesso l'unico sfogo è calpestare.

«Non posso continuare a prendermi cura di te» dico tra i denti. «Sei zoppo, eppure continui a ficcarti nei casini con i tuoi gatti e i tuoi reperti e le tue fantasticherie di diventare ricco. Siamo nati sulla miniera e ci restiamo a vita, Prince, hai capito? Tu nel villaggio, e io appena fuori!»

Prince si stringe nelle spalle. Abbassa lo sguardo. Scuote il capo. La sua imperturbabile mitezza mette in risalto i miei spigoli, e questo mi fa arrabbiare ancor di più.

Inizio a camminare avanti e indietro tra la polvere. «E finiscila di chiedermi di unirmi al tuo gruppetto di disadattati. Non hai sentito che ho già parecchi problemi per conto mio? Mia madre è una strega e non è davvero mia madre, io sono una maledizione, la ragione per cui siamo tutti costretti a passare la vita scavando, così che qualcuno dall'altra parte del mondo possa usare il cellulare o guidare la macchina elettrica. In tutto questo putiferio, credi davvero che abbia bisogno di *amici*?»

Prince avrebbe potuto ribattere, mandarmi a quel paese, persino, e invece leva lo sguardo e mi rivolge l'ombra di un sorriso. «Sì, Musa. Penso proprio di sì.» E con questo si infila le mani a fondo nelle tasche, si volta e, zoppicando, scende di nuovo verso il fiume. Io resto solo sulla collina, la luce del giorno che mi brucia la pelle, come a ricordarmi, ancora una volta: «Vattene di qui».

Zeru significa vivere in una capanna lontano da tutti gli altri.

Non c'è modo di evitarlo, devo passare dal fiume per tornare a casa. Lo faccio con gli occhi a terra, il volto acceso dalla vergogna. Mi riprometto di non alzare il capo fin dopo il ponte, ma è più forte di me. Sbircio. Anche Prince tiene lo sguardo fisso a terra, ostinatamente. Amour mi saluta con la mano vedendomi passare. Perché sono così gentili con me? Grace, invece, mi fulmina, e non ce la faccio, devo distogliere lo sguardo, come ogni volta che la incrocio. I suoi occhi bruciano quasi più del sole. Mi sento avvampare e so che si vede. L'ennesimo svantaggio di questa pelle traditrice.

Il mio cuore smette di martellare solo sulla via principale.

Il che è tutto dire, perché la via principale è da sempre il mio più grande incubo. È l'unico posto in cui non ci si può nascondere, se non dietro la visiera del cappello. La via principale è dove le case si animano, improvvisamente, al mio passaggio. Le madri si precipitano fuori a recuperare i bebè che giocano nella polvere. Le porte sbattono chiudendosi dietro di loro. E chi rimane cambia strada vedendomi arrivare. O, almeno, è quello che facevano prima. Con il tempo ho imparato e adesso sono io a cambiare strada, a tenermi alla larga dai bebè e dalle porte aperte. Prevengo, fa meno male così.

Zeru significa una madre esausta, da sempre. Una madre dai capelli arruffati, gli occhi cerchiati, le guance scavate. Una madre che riesce a malapena ad alzare il capo quando vai in miniera la mattina, e che dorme già quando torni la sera. Significa mangiare da solo il fufu che ha preparato per te. E significa non avere un padre, non sapere nulla di lui. Significa che nessuno sa nulla di lui, quasi fosse un fantasma. Proprio come te.

Zeru significa vivere in una capanna con un tetto di lamiera rovente al sole, i muri crepati dalle esplosioni sotterranee, le finestre velate da tende stracciate. Una capanna come tutte le altre ma lontana, lontana, lontana da tutti gli altri, sulla sponda opposta del lago prosciugato.

Il villaggio finalmente alle spalle, costeggio la riva del lago. Vedere il suo letto riarso mi ricorda la spietatezza del sole pomeridiano. Faccio per abbassarmi la visiera del cappello, ma mi balena in mente l'immagine del berretto che svolazza cadendo dalla scarpata. Sono completamente scoperto. Il sole mi morde la pelle del viso, un cane rabbioso.

«Per colpa tua non cade più neanche una goccia...» Le parole di Reine mi risuonano in testa, violente, d'improvviso, come uno schiaffo. «E il lago si è seccato.»

So che mente. So che la gente cerca sempre qualcosa o qualcuno da biasimare davanti a sciagure troppo grandi per essere accettate. So bene che la siccità non è colpa mia. Come potrebbe? Ho solo dodici anni e non so leggere né scrivere né fare di conto... com'è che uno come me, da solo, avrebbe il potere di scacciare le piogge? E poi, la verità è che di tanto in tanto un po' piove. Mai abbastanza da irrigare, ma abbastanza per bere, almeno. L'ultima volta è stato il giorno del mio compleanno, alla faccia delle malelingue. Ma nessuno ci ha visto alcun collegamento. Perché la gente è fatta così: ti dà il nome a prescindere, appena nato, infischiandosene di chi sei davvero, o di chi potresti diventare.

Più ci penso, più mi sale la rabbia. Stringo i pugni, calco il terreno con forza maggiore a ogni passo, di quando in quando prendo a calci le nuvolette di polvere. Non serve a niente. Non ho nessuno con cui sfogarmi, su cui sfogarmi.

So di aver sbagliato prendendomela con Prince in miniera e ho il terrore che non mi rivolga più la parola, ma so che non andrò a scusarmi con lui. È più forte di me, non è colpa mia. Quando il mondo intorno a te non fa che ricordarti che non meriti nulla, neanche un po' d'affetto, non sai proprio come darne. Nemmeno a chi, d'affetto, te ne dà.

Accelero il passo sfilando accanto alla fabbrica. È una cosa gigantesca, mostruosa. Un demone di metallo che incombe sul lago prosciugato. Sul villaggio. Su casa nostra. Su tutti noi. Mamma li detesta, gli stranieri che l'hanno costruita. È così che li chiama, «gli stranieri» o «la multinazionale» o «quei maledettissimi-sporchi-lerci-ladri-invasori-mannaggia-a-loro», quando proprio perde le staffe. Sono gli unici momenti in cui riacquista un po' di vivacità, quegli sproloqui. Il resto del villaggio, invece, non li chiama in alcun modo. Non osa farlo. Ha paura di loro, la gente, perché è da loro che tutto dipende. Sono loro che comprano ogni singolo grammo di cobalto della nostra comunità. Ci hanno in pugno, per farla breve.

Eppure la gente ce l'ha con me.

«Bello dare i nomignoli all'albino» dico tra i denti «e tacere davanti alla multinazionale. Uno spasso, proprio. Cuor di leone!»

Mi fermo di colpo.

C'è un uomo davanti ai cancelli della fabbrica. Fuma. Mi sta guardando. Mi volto nella speranza di avere qualcun altro dietro, qualcuno a cui il suo sguardo sia davvero rivolto, ma lo faccio senza convinzione. So che sta guardando me. Me lo sento nella pelle. E mi dà i brividi. Non tanto perché non ho mai visto nessuno fuori dalla fabbrica, se non di sfuggita, attraverso i vetri oscurati dei loro fuoristrada, ma per il modo in cui mi fissa. Quasi mi conoscesse. Quasi fosse sul punto di dirmi qualcosa.

Chiudo gli occhi e trattengo il respiro. Forse se lo ignoro tornerà dentro, dimenticandosi di me. Ma quando li riapro lui è ancora lì, il fumo a incorniciargli il volto, lo sguardo fisso su di me. Mi brucia la pelle. Devo tornare a casa, e in fretta, prima di prendermi un'insolazione. Muovo un primo passo, poi un altro, e un altro ancora, e così riprendo a camminare. Presto gli sarò davanti, e lui non dirà nulla, e poi, a casa, tirerò un lungo sospiro e mi sentirò un po' sciocco per essermi preoccupato così tanto senza...

«Ragazzo» dice, e il mio cuore perde un colpo.

Impallidirei, se potessi.

Mi volterei, se ne avessi il coraggio.

Invece accelero il passo.

«Ragazzo» ripete, e c'è un'urgenza nella sua voce che mi fa venire voglia di correre.

Non corro, però. So bene che la caccia inizia solo quando la preda comincia a scappare. Cammino, come se niente fosse. Come se fossi irraggiungibile. Come se non stessi tremando irrefrenabilmente.

E funziona. Io non lo guardo, trattengo il respiro, e lui non fa un passo. Continua a fumare, posso quasi sentire la brace ardere a ogni boccata. Lo supero. Il lago da un lato e il muro esterno della fabbrica dall'altro, inizio a vedere casa in lontananza. Ce l'ho quasi fatta.

E poi lui pronuncia quelle fatidiche parole: «Come sta tua madre?».

Mi esplodono in testa le voci del villaggio.

Strega!

Maledizione!

Bambino rubato!

Zeru! Zeru! Zeru!

Mi volto, mi volto di scatto, una rabbia cieca a ribollirmi nello stomaco. Lo trafiggo con lo sguardo, contento, per la prima volta, dei miei occhi cattivi, sbagliati, penetranti.

«Non ti azzardare a parlare di mia madre!» urlo.

Mi metto a correre a perdifiato. E corro, corro, corro fino a casa. Solo davanti all'uscio trovo il coraggio di guardarmi alle spalle. L'uomo è sparito. I cancelli si sono richiusi. Il mostro è tornato imperscrutabile, come sempre. Alzo lo sguardo. Non so leggere l'insegna che campeggia, enorme, sulle nostre vite, ma è il blu cobalto delle lettere impolverate che mi si imprime nel cervello. Ora che ci penso, io, il blu, lo detesto.

Entro in casa.

La mia rabbia impenna a vederla già addormentata a metà pomeriggio. È un rigurgito, dallo stomaco mi sale nel petto, in gola, e poi esce, muto, soffocante, mentre appallottolo il fufu e me lo ficco in bocca e deglutisco senza neanche masticare, senza sentirne il sapore. Non è tanto che io lavoro mentre lei se ne sta a casa, a disturbarmi, ma piuttosto che io mi devo sorbire il giudizio della gente anche per lei, proteggendola, in un certo senso, mentre lei dorme. E chi protegge me?

Di colpo mi ricordo che, mentre pioveva, il giorno del mio compleanno, lei non c'era neanche. Era sparita, proprio come l'uomo davanti alla fabbrica.

Ma non è nemmeno questo a farmi scoppiare. A farmi scoppiare è qualcosa di bello, o qualcosa che dovrebbe essere bello, solo che io non ci riesco, a gestirlo. L'affetto, dico. Proprio non so accettarlo. Mamma si sveglia e, trovandomi seduto accanto a lei, mi rivolge un sorriso assonnato.

«Destin?» dice con la voce impastata. Non riesce neanche a sollevare il capo dal materasso. Ma allunga una mano. Mi sfiora il braccio. E la sua pelle, nera come la notte, si contrappone alla mia che, anche sotto tutta quella polvere, ha il colore dell'ingiustizia, e delle bugie.

E di colpo so che quello che dicono al villaggio è vero.

Lei non è mia madre.

Strega!

Maledizione!

Bambino rubato!

Zeru! Zeru! Zeru!

«Se lavorassi» grido, «almeno potremmo andarcene di qui!»

Mamma si tira su, confusa.

«E invece te ne stai qui tutto il giorno, a dormire, mentre io mi spacco la schiena in miniera!»

«Destin, cosa sta...?»

«Ma lo sai cosa dice la gente di te!?»

La confusione cede il passo alla furia. È immediata, dirompente, incrina i suoi lineamenti, trasfigurando il suo volto. «Non alzare la voce con me!»

Stringo il fufu in pugno fino a farmelo schizzare tra le dita. «Altrimenti!?»

Silenzio. L'aria odora di vestiti bagnati.

Solo quando vedo le sue sopracciglia addolcirsi un poco mi accorgo delle lacrime che mi rigano il volto. Non voglio piangere, voglio essere forte, voglio essere arrabbiato ma, ancora una volta, non posso farci niente.

Mamma sospira. «Non possiamo andarcene di qui, Destin. Questa è la nostra terra, è nostra madre.»

Mi faccio sfuggire una risata amara. «Madre... sì, come no.»

«E questo che significa?»

Distolgo lo sguardo. Su uno sgabello nell'angolo, i pochi possedimenti di mia madre: un vecchio pettine e uno specchio intarsiato.

«Destin...» mi incalza lei.

Mi mordo il labbro per impedirgli di tremare. Il mondo davanti a me è diventato una macchia attraverso il velo delle lacrime. La rabbia vuole traboccare di nuovo, ma la spingo giù, verso la bocca dello stomaco.

«Ragazzo! Guardami quando ti parlo.»

È quella parola a spezzarmi. La stessa che ha usato l'uomo della fabbrica, il fumo a incorniciargli il viso, appena prima di chiedermi di lei.

«Questa terra non è mia madre!» Mi volto di scatto. «E nemmeno tu!»

Mamma sussulta come se l'avessi schiaffeggiata. Anche da dietro il fiume del pianto riesco a vedere il dolore che le ho causato.

«Cos'hai detto?» mormora, e non c'è più un filo di collera nella sua voce, solo timore.

Mi alzo facendo volare il piatto di fufu. «Lo dicono tutti, che non sei la mia vera madre!» Riesco a stento a parlare tra i singhiozzi. «Mi hai rapito!»

Mi precipito fuori. Il sole mi abbaglia, faccio per premermi la visiera del cappello in fronte, ma la mia mano non trova nulla. Anche quello mi è stato portato via, insieme a tutto il resto. Nascondo il volto nell'incavo del braccio. Inciampo, cado, mi rimetto a correre.

Strega!
Maledizione!
Bambino rubato!
Zeru! Zeru! Zeru!

Mi rifugio nella vecchia miniera dietro casa.

Era un giacimento di rame un tempo, ma ormai è abbandonata. L'ho sempre trovata inquietante, un animale che finge il sonno per attrarre nella bocca spalancata i più incoscienti tra gli avventurieri e poi chiudere le fauci e inghiottirli per sempre in un sol boccone. Anche adesso rallento il passo davanti all'oscurità quasi immediata della galleria. Mi accuccio contro la parete più esterna, né dentro né fuori, e soffio sul ginocchio che mi sono sbucciato cadendo. L'insolazione inizia a pungermi la pelle della nuca.

La miniera, invece, mamma non l'ha mai temuta. Lo so perché l'ho vista entrarci una volta, a passo spedito, come qualcuno che sa perfettamente dove sta andando. Era sparita nel buio della galleria, senza mai voltarsi, e io ero rimasto ad aspettarla, per ore, temendo che la bestia l'avesse divorata. Mi ero nascosto dietro il muro di casa quando era riemersa, solo per relegare il ricordo a quella stanza, nel cervello, in cui finiscono le domande troppo scomode per essere affrontate.

«Ci andrà per sfuggire al caldo di qui sopra» mi ero detto, ma ormai non so più a cosa credere. Forse è proprio qui che compie le sue stregonerie.

Zeru.

Zeru è il nome che si dà agli albini, indiscriminatamente, uno solo per tutti noi. Non importa che a uno piaccia il calcio e all'altro la corsa, o che uno sia bravo a nuotare e l'altro negato, o ancora che uno abbia la mamma strega e l'altro sarta. Se nasci con la pelle sbagliata, sei Zeru, e basta.

Zeru non è un nome, è una maledizione.

Nascondo la testa tra le ginocchia.

«Non sono una strega» dice mia madre sedendosi accanto a me, «e non ti ho rapito.» Fa una pausa, e il mio cuore batte un po' più forte. «Ma c'è del vero in quello che dicono: non sono io ad averti dato alla luce.»

Non la guardo. Non sollevo neanche il capo. Mi asciugo le guance con il dorso della mano, ancora e ancora, ma le lacrime continuano a scendere bagnando la terra riarsa. Aspetto che la verità spieghi le ali.

Ma la verità non arriva.

Rimaniamo in silenzio, io e lei, ad ascoltare il vento che sibila tra le rocce. Sento il calore del suo corpo accanto a me, anche senza che lei mi tocchi. C'è ancora quel vago odore di cose bagnate nell'aria. Il mio cuore inizia a rallentare.

Rialzo il capo e trovo il suo sorriso ad attendermi. Mi fa sentire a casa, il suo sorriso: sa di un fufu tiepido che mi aspetta sul fuoco. E così i suoi capelli tempestosi, e i suoi vestiti colorati, e le perline che tintinnano ai polsi quando si sveglia – tutto di lei mi fa sentire al sicuro. Anche se non è davvero mia madre. Tiro su col naso. Ho smesso di piangere.

«So esattamente come ti senti, Destin» sussurra.

Scuoto il capo. Avvicino il mio braccio al suo, la mia pelle alla sua, senza toccarla. Parlo a mezza voce, la rabbia di poco fa già un lontano ricordo: «Tu non sei come me. Non hai idea di come sia essere me. Sono una maledizione».

Mamma mi sfiora il mento con le dita. «Bambino mio, pensi davvero che viviamo così lontani dal villaggio a causa tua?»

Scruto il suo viso in cerca di una risposta ma trovo solo una traccia, un piccolo indizio, la prima nota di una sinfonia inconoscibile.

Mamma si alza, mi tende la mano. «Vieni.»

Senza un momento di esitazione la seguo nelle viscere della terra.

Ho sentito storie di minatori smarriti nel labirinto di cunicoli sotterranei per tutta la vita. Non importa che tu sia il più navigato, il più incartapecorito, il più scaltro degli scavatori: basta una svolta sbagliata in un giorno di distrazione e sei perso per sempre. Si dice che non muoiano, i minatori smarriti, ma che si consumino a forza di girovagare nelle tenebre, finché di loro non resta che l'eco dei passi.

Sarei terrorizzato attraversando questi cunicoli con chiunque altro, ma non con lei. Il tocco della sua mano, la sicurezza con cui imbocca ogni svolta, senza neanche guardarsi intorno in cerca di punti di riferimento, e soprattutto i sorrisi che mi rivolge di quando in quando mi fanno sentire nel posto più sicuro del mondo, un luogo che solo noi conosciamo. La seguo senza fiatare, senza dubitare finché le pareti del tunnel si allontanano e il soffitto si schiude rivelando una caverna. Da una fenditura nel punto più alto entra una lama di luce bianchissima, che trafigge l'oscurità illuminando le acque sottostanti.

«Un lago!» mormoro incredulo.

È enorme. Dalla sponda più vicina al cunicolo si estende, indaco, verso la luce, lambendo con movimenti appena accennati le pareti della caverna e inseguendole, implacabile, per poi stemperarsi insieme a loro, nell'oscurità dall'altro lato. Senza fondo e senza fine, una distesa di silenzio che appartiene a un mondo troppo antico per essere davvero conosciuto.

Eppure, anche ora, non ho paura.

«È il lago, vero?» chiedo. «È il nostro, quello prosciugato. Ma come...?»

Mamma guarda le acque, non mi lascia la mano. «Non è prosciugato. È ferito, si nasconde, proprio come noi.»

Rimaniamo in silenzio per un po'. Ascoltiamo lo sciabordio del lago sulla roccia. Sembrano parole, quasi. Frasi. Tendo le orecchie per decifrarle.

«Musa» dice mia madre.

Mi volto a guardarla. Non mi chiama mai così.

«Sai perché ti ho dato questo nome?»

Scuoto il capo. E stavolta la verità arriva.

«Vent'anni fa, prima che arrivassero gli stranieri, il villaggio era un posto più semplice. C'erano meno persone, e c'erano abbastanza risorse per tutti. Si viveva di agricoltura, principalmente, e pareva che il lago sarebbe bastato ad abbeverare generazioni e generazioni. Era più felice, la gente, allora.» Stringe le labbra fino a renderle una fessura. «Ho tentato di combatterli, gli stranieri, finché ho potuto. Ma erano troppi, e la loro fabbrica beveva troppa acqua, ogni giorno. Avevano un piano in mente. Sapevano che, se non ci fosse stata più acqua, alla gente non sarebbe rimasto che lavorare per loro, nella miniera.»

Mi mordo l'interno della guancia. «Li hai combattuti... come?»

Mamma non cambia tono, continua a guardare il lago. «Divorandoli.»

Mi viene da ridere, ma la mia gola non emette alcun suono. Il lago sussurra lambendo la sponda. Mamma mi sta ancora tenendo per mano.

«Lasciavo piccoli oggetti sulla spiaggia» riprende. «Un pettine, uno specchio... non importa il valore: gli uomini sono avidi, sapevo che li avrebbero presi. E nel farlo si sono attirati contro la mia maledizione.» Mamma inizia a camminare verso il lago, e io con lei. «La sfortuna si abbatteva su di loro nel momento in cui li portavano via con sé, stravolgendo le loro vite, e quelle dei loro famigliari, in modi inimmaginabili. Solo quando erano al limite del collasso gli apparivo in sogno.» Mamma entra in acqua fino alle caviglie, e giuro che il soffitto inizia a brillare un po' di più. «Chiedevo che mi restituissero quanto mi avevano rubato, insieme a un prezzo da pagare per risarcirmi del furto. In cambio, avrei liberato loro e le loro famiglie dalla maledizione.»

Mamma è in acqua, ma io no, sono ancora all'asciutto, un passo dietro di lei. Le stringo la mano. «Che prezzo?»

Mamma, che finora ha guardato fisso il lago, si volta verso di me. «Un figlio» risponde, e lo fa senza cambiare espressione, come se stesse leggendo da una lista. Non mi lascia la mano. «Un bebè, se ne avevano.»

«E se no?» chiedo con un filo di voce.

«Loro stessi.»

Lei è nel lago e io no, e l'acqua pare brillare appena, ogni volta che si increspa in superficie. Poi mamma sorride.

«È così che ho ritardato il più possibile il prosciugamento del lago. La maggior parte degli uomini si rifiutava di sacrificare i propri figli, e quindi tornava sulle sponde portando con sé il mio specchio o il mio pettine e mi seguiva spontaneamente in acqua. Se ne andavano con onore, sotto questo punto di vista, pur nella loro avidità.»

Distolgo lo sguardo. Vorrei porle la domanda che tengo a freno da tempo, ma non ho la forza. La mia gola è chiusa, come se mi stessero strozzando. Allento la presa, ma lei non mi lascia andare.

«Chiedi, Destin.»

Chiudo gli occhi ed espiro per rallentare il battito del mio cuore. «E io?» dico infine.

«Tuo padre era diverso dagli altri» risponde, senza esitare. «Odorava di acqua di colonia e fumo, e quando sono apparsa nei suoi sogni ho visto cose che hanno spaventato persino una come me. Il giorno seguente è tornato al lago, ma non era solo. Tu eri con lui. Eri minuscolo, bianco come la rugiada tra le sue braccia. E, nel momento in cui vi ho visto, sapevo che non era un sacrificio quello che gli stavo chiedendo. Era una liberazione.»

Mamma mi lascia la mano. Non riapro gli occhi. Ascolto il lago gorgogliare mentre vi si immerge.

«A quel punto la mia battaglia contro gli stranieri imperversava da anni, ed era chiaro ormai che l'avrebbero vinta. Più il livello del lago si abbassava, più sentivo la mia forza affievolirsi. Non è un buon segno per quelli come me, sai? Siamo in grado di sopravvivere in questo mondo fintanto che abbiamo un legame con esso. Dopodiché, scompariamo.» Ora la sua voce riecheggia all'altezza dei miei piedi, sul pelo dell'acqua. «E così ho fatto l'unica cosa possibile per sopravvivere: ti ho preso dalle braccia di tuo padre, ho nuotato lontano dalla riva e, quando l'ho visto sparire oltre i cespugli, ho attraversato il lago e sono riemersa sulla riva opposta. Non sono mai più tornata laggiù. Ero diventata madre.» La piega di un sorriso le colora le parole. «Tu sei diverso, Musa, proprio come me. Sei il mio destino. Apri gli occhi, adesso.»

E io, nonostante il cuore che mi scoppia in petto, ubbidisco.

Devo schermarmi dalla luce abbagliante. È ovunque, in ogni crepa, in ogni anfratto, un chiarore azzurro, vivissimo, che bagna l'intera caverna. Ma non viene dalla fenditura sul soffitto, come pensavo. È l'acqua. È l'acqua a pulsare come se ci fosse un faro sul fondale, fino a diventare incandescente intorno al corpo di mia madre. Ed eccola, i capelli lunghi ad avvolgerla, la pelle traslucida, la coda di pesce al posto delle gambe.

«Sei una sirena» dico senza fiato.

Mamma ride. «Le sirene esistono solo nelle favole, Destin.» Con un colpo di coda si allontana, fulminea, nuotando al largo prima di tornare verso di me. «Sono Mami Wata, lo spirito protettore del lago.»

Sono esterrefatto. Non so cosa dire. Mi strofinerei gli occhi, mi pizzicherei le guance, mi prenderei a schiaffi, ma non riesco neanche a chiudere la bocca, figurarsi gesti più complessi. Se solo Prince potesse vedere tutto questo... ne rimarrebbe estasiato!

Mamma ride di nuovo, e la sua voce rimbomba più squillante, più argentina, più giovane. È la stessa di sempre, eppure diversa.

«E non hai ancora visto niente» dice tendendomi la mano.

Esito. Mi fido di lei e non mi sento in pericolo, ma al contempo so di non conoscere, non appieno, non ancora, la creatura che ho davanti.

«Vuoi vedere da dove viene la pioggia?» chiede in tono incoraggiante.

Impiego solo un altro secondo prima di decidermi. Annuisco e le prendo la mano. Entro in acqua. Il lago è freddo ma non gelido, a differenza di quanto mi aspettassi. Anzi, più mi immergo, più sento che è la temperatura perfetta per scacciare l'afa, la rabbia e la stanchezza di queste ore. Di questi giorni. Di questi anni. Man mano che mi bagno, la polvere che mi ricopre si dissolve intorno a me. L'acqua mi arriva al petto, poi al collo, poi al mento, e mi manca un ultimo passo prima di finire sotto.

Mamma mi sorride, la sua coda ad avvitarsi tra noi.

Faccio un grande respiro e mi lascio andare.

Sott'acqua si cela un mondo meraviglioso. Le pareti del lago risplendono come cobalto raffinato, riflettendo la luce in ogni direzione, ogni punta e spigolo, ogni stalattite e stalagmite, ogni conca e spaccatura – tutto si impegna in un gioco di colori tra il blu e l'argento, accecando e ammaliando al contempo. Puoi quasi toccarli, i fasci di luce che si intersecano davanti a te, se allunghi la mano. Ed è in quel momento che lo vedo: anche la mia pelle brilla come il diamante, come se mi avessero acceso una lampadina dentro, e così i miei occhi e i miei capelli, gli uni turchesi e gli altri d'oro, riflessi nello sguardo di mia madre, che sorride a pochi centimetri da me. E, per la prima volta, vedo bellezza.

Mamma mi stringe la mano e mi trascina con sé verso le profondità del lago, e sembra quasi di volare. Mi lascia nel mezzo, io fluttuo e la osservo mentre schizza da una sponda all'altra, toccando la roccia prima con le dita, poi con la pinna, e poi ancora con i capelli, e la roccia risponde, è incredibile ma risponde, si illumina, pulsa, leva un suono che è a metà tra un fischio e una vibrazione, e presto i minerali, che dormivano sotto la superficie, si svegliano e lampeggiano come tanti piccoli cuori che battono all'unisono tutto intorno a noi.

È un rituale della pioggia. Lo so d'istinto, non saprei neanche dire come. Lo so e basta. Ogni cosa è illuminata adesso. Il blu, ormai, è l'unico colore. A ripensarci, è il mio colore preferito in assoluto.

Tiro un respiro profondissimo quando mamma mi riporta a galla. Mi pare di essere rimasto immerso per ore tanto mi bruciano i polmoni, eppure avrei voluto restare molto più a lungo. Avrei voluto restarci per sempre.

Esco dall'acqua tutto tremante. Lei no, lei mi segue camminando, la coda già scomparsa. I suoi capelli sono tornati crespi, asciutti, ma la sua pelle splende ancora. E così la mia. Alzo le mani e le guardo brillare.

«Vedi?» dice lei alle mie spalle. «La nostra diversità è bellissima.»

«Quindi è così che sei sopravvissuta?» Batto i denti mentre parlo. «Grazie alla connessione con il lago sotterraneo?»

Mamma mi avvolge nel suo abbraccio. «No, Musa. Questo lago è molto più antico di me. Non mi appartiene. La mia vita in questo mondo era legata solo al lago in superficie.»

«E allora come...?»

«Tu.» Mi stringe, quasi avesse paura di perdermi. «Uno

spirito può sopravvivere tra gli esseri umani solo se ha un legame con il mondo degli esseri umani. La mia connessione sei tu.» Smetto di tremare. «Ma non lo vedi? Non sei una maledizione, Musa. Tu sei la *mia* benedizione.»

Lasciamo la caverna. Più ci avviciniamo alla superficie, più mia madre sembra affaticarsi. Devo sorreggerla, dopo un po'. È pesante. Guardandola in viso, noto che le sue palpebre si stanno già chiudendo. Lotta per rimanere sveglia.

«Non è vero che non piove perché ci sei tu» farfuglia tra il sonno e la veglia. «Piove *solo* perché ci sei tu...»

Ma quando riemergiamo dalla miniera abbandonata, della pioggia non c'è neanche l'idea. Solo polvere che si alza in piccoli vortici e si disperde con altrettanta facilità.

Devo adagiare mamma contro la parete di roccia e prendere fiato. Lei lascia cadere il capo sul petto e pare già addormentata, come al solito. Inspiro a fondo l'aria del lago prosciugato. La caverna sembra già un sogno lontano. Parte di me si chiede se non lo sia stato davvero.

«Sperare è... pazientare con... la luce accesa.»

Mi volto verso di lei ma, prima che possa dire alcunché, con l'urgenza del respiro dopo l'apnea, la pioggia inizia a cadere.

E la terra si tinge di verde.

L'indomani mi sveglio di prima mattina. Il sole non è ancora sorto, ma non riesco a trattenermi. Mi vesto in fretta e furia. Non vedo l'ora di raccontare tutto a Prince. Non crederà alle sue orecchie!

Sto per uscire di casa quando vedo il lenzuolo giacere appallottolata ai piedi di mamma, mentre lei dorme scoperta. Mi accuccio accanto a lei. Le guance scavate, gli occhi infossati, sembra esausta, forse ancor più di ieri. Ed è qui che mi si accende la lampadina: il giorno del mio compleanno lei non c'era perché era sottoterra, a fare il rituale della pioggia. Per me. Per darmi un giorno di respiro dalle malelingue del villaggio.

Le rimbocco le coperte. Le do un bacio sulla fronte. «Grazie» dico.

Fuori l'aria è elettrica, come sempre dopo l'acquazzone. Faccio un respiro profondo. Sa di nuovo e, a un tempo, di antico. Me la imprimo dentro, nei polmoni. Sorrido. Come ci si fa ad arrabbiare con un'aria così?

Inizio a camminare.

Destin. È questo il mio nome francese. Il nome che mia madre ha scelto per me, prima ancora di incontrarmi, molto prima che nascessi. È un nome che viene da lontano e, se ci pensi, ha un significato da lasciare un po' storditi, tanto è importante. Ma per me Destin è roba semplice, è casa, è il fufu caldo che mi aspetta sul fuoco, è il suono delle perline che canticchiano correndo sulle coperte, mentre la luna è alta in cielo.

Sono buffi, i nomi. Se uno ci fa caso non sono che un ammasso di suoni senza senso. Eppure, quando li si dice ad alta voce, quei suoni si mischiano per diventare la realtà che ci circonda. Diventano case, alberi, rocce, fabbriche e persone. E, nel mio caso, diventano pioggia. Ogni tanto.

Il sole fa capolino all'orizzonte.

La terra, a chiazze, dal colore della farina si è tinta di verde. Capita di rado, come reazione del rame che si ossida dopo la pioggia. Pare quasi che la vegetazione sia tornata a crescere, come quando il lago era colmo. È solo un'illusione, lo so, ma a volte credere in qualcosa è già mezzo avverarla. E quindi accelero il passo, mi metto persino a fischiettare.

Attraverso la via principale e, sarà perché a quel punto sto correndo o perché non c'è tanta gente in giro a quest'ora, non cambio lato della strada incrociando i passanti, e nemmeno loro.

Sono già in miniera.

Mi fermo di colpo. Tra la pioggia e tutto quello che è successo ieri, mi sono dimenticato del litigio con Prince. Ero così concentrato sul mio desiderio di condividere con lui ogni cosa che non ho pensato alla possibilità che, magari, lui di me non volesse più saperne niente. Deglutisco a fatica all'idea. Ma mi faccio coraggio e riprendo a camminare.

Musa è il mio nome swahili. Significa «salvato dalle acque». È un nome che non avevo mai capito: a essere sinceri avevo già troppi problemi per rischiare di scovarne altri. Ma adesso lo so, che è molto più di un semplice nome. Musa è una storia. La nostra storia. È la storia dei pettini e degli specchi lasciati sulle sponde di un lago spacciato. La storia di «quei maledettissimi-sporchi-lerci-ladri-invasori-mannaggia-a-loro» e di come teniamo loro testa. La storia della natura, e dell'uomo, e di come solo insieme ci si possa salvare. È sempre stato così. Così sarà sempre.

Lo trovo insieme al gruppo del fiume, già intento a lavare i minerali. Prince alza il capo sentendomi arrivare, e i suoi occhi si illuminano appena, subito rimproverati dalle sopracciglia, che si piegano, cupe, facendoli fuggire. Prince torna a guardare l'acqua torbida che gli scorre tra i piedi.

Non so cosa fare. Me ne sto lì impalato, a torcermi le dita, ad arricciare gli alluci nudi nella polvere. Ho trascorso la vita cercando il più possibile di non dare nell'occhio, e ora l'unica cosa che vorrei è essere visto.

Il sole inizia a mordermi la pelle ustionata.

Devo fare qualcosa.

«Prince?» lo chiamo, avvicinandomi.

Lui alza il capo e incontra i miei occhi. Lo stesso fanno i suoi amici, ma ce la metto tutta per ignorarli. Il cuore mi pulsa nei timpani come un tamburo. Faccio fatica a pensare, figurarsi a dire qualcosa di sensato.

«Scusa» mi butto.

Un'espressione di genuina sorpresa gli attraversa il volto, addolcendogli le sopracciglia.

«Mi dispiace per quello che ho detto ieri, io...»

«È tutto a posto» si affretta a dire.

«No, non lo è...» Mi manca il fiato. Inspiro. «Non sono stato un buon amico nei tuoi confronti. La verità è che sono così abituato a sentirmi respinto che ho imparato a tenere tutti a distanza, anche le persone che mi vogliono bene. Ho pensato che sarebbe stato più facile, se non avessi avuto nessuno accanto, ma non è così. Ho bisogno di amici, hai ragione, e d'ora in poi farò di tutto per...»

Prince mi interrompe allungando il braccio verso di me. D'istinto lo imito pensando che mi stia porgendo la mano per fare pace. Solo che la sua mano è chiusa a pugno, e tra le dita fanno capolino dei lembi di stoffa. Poi apre la mano e mi restituisce il cappello. Rimango sbigottito. Pensavo di averlo perso per sempre facendo a cazzotti ieri, eppure, anche dopo la nostra lite, Prince l'ha recuperato e l'ha tenuto con sé lavorando oggi. E questo significa... significa che sapeva che sarei tornato da lui. Non ha mai smesso di essere mio amico, neanche per un secondo!

Subito lo afferro e me lo ficco in testa e mi premo la visiera sulla fronte fino a coprirmi gli occhi, perché la mia vita è già abbastanza complicata anche senza che i minatori mi vedano piangere.

Un lento applauso lacera l'aria.

«Ma guarda che scena romantica» dice Reine alle mie spalle.

Mi volto lentamente. Eccola lì, il mento alto e il petto in fuori, e al suo seguito lo sghignazzare a un tempo irriverente e terrorizzato dei suoi scagnozzi. Piego le ginocchia, pronto a difendermi.

«Adesso regoliamo i...» fa per dire Reine, ma si blocca a metà frase e spalanca gli occhi fissando qualcosa alle mie spalle.

Seguo il suo sguardo. Prince, Amour e Grace sono tutti armati di rocce appuntite, negli occhi una determinazione di cui non li avrei mai creduti capaci. Ma, soprattutto, dietro di loro trovo uno stuolo di donne muscolose, indurite dal lavoro, che non hanno alcun bisogno di impugnare armi di fortuna per farti accapponare la pelle. Il cuore mi batte all'impazzata e un'energia mai provata prima mi travolge.

Torno a guardare Reine e mi gira quasi la testa da tanto ci rimango di sasso: lei, proprio lei, la bulla più feroce di tutta la miniera, ha fatto un passo indietro davanti al gruppo del fiume. Persino i suoi tirapiedi la guardano di traverso adesso. Faccio per parlare, ma Prince mi precede.

«Meglio se ti togli dai piedi, Reine» dice. «Questo non è il tuo posto.» Fa una pausa. «Di' un po', non sarai mica innamorata di me, per caso?»

Tutti scoppiano a ridere. Reine passa dal terrore alla furia, arrivando all'imbarazzo prima di pestare i piedi per terra, girare i tacchi e andarsene a grandi falcate. Solo uno dei suoi scagnozzi la segue. L'altro si allontana nella direzione opposta, senz'altro in cerca di un nuovo teppista da imitare.

Quando mi volto la maggior parte delle donne è tornata a sgobbare, come se nulla fosse. Prince, Amour e Grace, invece, mi stanno aspettando. Non dicono nulla, non ce n'è bisogno. Mi sorridono e basta. E io, stavolta, ricambio il sorriso, mi abbasso la visiera e immergo i piedi nel fiume.

Il mio nome è Destin Musa, e non sono più un fantasma.

Nur e i non-amici

Grecia

PRIMA PARTE

I

«Sciarpa caduta a destra del bancone!» pensò Safi dal suo nascondiglio. Poi, la coda ritta e l'unico orecchio che gli era rimasto teso come un'antenna, scattò in avanti.

Come ogni mattina, aveva atteso che il responsabile della distribuzione si distraesse facendo cadere un capo di vestiario prima di entrare in azione. E quale bottino migliore di una bella sciarpa calda ora che stava arrivando l'autunno?

Safi attraversò lo spiazzo principale del campo profughi come una saetta pelosa nella giungla di gambe umane. Scartò da un lato quando un uomo carico di scatole rischiò di travolgerlo, poi sgusciò sotto una gonna per superare la coda di chi aspettava il rancio. Infinite voci e odori riempivano l'aria, rendendo i suoi sensi di cane quasi inutili.

Una volta a destinazione, sgattaiolò alle spalle dell'uomo che gestiva la distribuzione dei vestiti. Era grande e grosso e perfettamente calvo. Safi si nascose dietro un muretto. Da lì poteva osservare la fila senza essere notato. «Che creature bizzarre, gli umani» pensò il cane.

La donna che apriva la fila gesticolava parlando una lingua sconosciuta, mentre l'uomo grande e grosso, per tutta risposta, faceva altrettanto in un'altra lingua.

Il problema, si disse Safi, non era tanto che parlassero lingue diverse, ma che a nessuno dei due importasse davvero ascoltare. Si può dire così tanto anche solo con gli occhi, se solo si è disposti a prestare ascolto, e a vedere, e a sentire.

«Ma questi due umani non sono un mio problema» pensò. Gli unici umani di cui si preoccupava erano la sua famiglia.

Safi sfruttò la distrazione dell'uomo al bancone e, con un balzo, afferrò la sciarpa tra i denti e se la diede a gambe. Si lanciò in una corsa forsennata giù per la collina. Davanti a lui, sparpagliati senza una vera logica, si estendevano i grigi livelli del campo profughi, e poi i tetti della cittadina portuale, e infine il mare sconfinato. Safi e la sua famiglia vivevano sull'isola da ormai un anno.

Safi correva con il naso rivolto all'insù. Non voleva inciampare nella sciarpa e rischiare di sporcarla, si sentiva parecchio orgoglioso della refurtiva e già pregustava il momento in cui la sua famiglia lo avrebbe coperto di ringraziamenti. Era una sciarpa di un rosa acceso e, sebbene non facesse per Nur, sapeva che la piccola Zara ne sarebbe stata entusiasta.

Safi tagliò per il livello degli africani, una scorciatoia.

Tutta la famiglia gli avrebbe fatto un sacco di feste, Nur soprattutto. Nur era il suo padroncino, e i due erano inseparabili.

Lo erano dalla notte dei bombardamenti. Da quando lo avevano recuperato dalle macerie. Molte famiglie, a quel punto, lo avrebbero abbandonato. «I cani sono sporchi, impuri» diceva la gente. Alcuni lo avrebbero addirittura accusato di aver portato sfortuna, ma non la famiglia di Nur. Lasciando la Siria, loro avevano condotto in salvo anche Safi. L'avevano tenuto al sicuro. In famiglia è così: non si dimentica nessuno.

Safi era un meticcio di tre anni senza un occhio, con un orecchio mozzo e il corpo spelacchiato. Ed era molto amato. Correva con il naso all'insù e i ricordi nelle orecchie, e così non vide quelle mani nere discendere su di lui.

2

«Mama» disse Nur, «hai visto Safi?»

Mama fece schioccare la lingua in segno di diniego. Stava portando un secchio d'acqua dentro casa. «Sarà in giro a combinare guai» disse appoggiandolo in un angolo, «quel furfante.» Ma lo disse con la voce colorata dal sorriso.

Ogni giorno Safi portava nuovi vestiti a casa. Una volta era una felpa, un'altra un paio di calze, e piano piano Nur e sua sorella Zara si stavano rifacendo il guardaroba in vista dell'autunno. Non che ne avessero davvero bisogno, pensò Nur, casa loro era perfetta.

Nur, Zara e Mama vivevano in una bella casa nel livello siriano del campo. Avevano l'acqua corrente, anche calda, a tutte le ore, e Mama teneva il bagno sempre pulito. Avevano cibo in abbondanza, stanze da letto separate, e la tv. Casa loro era quasi uguale a quella che avevano lasciato in Siria. Andava tutto bene.

La porta d'ingresso si aprì di nuovo, e fu Zara a entrare stavolta. Nur si sporse per vedere se Safi fosse con lei, ma la porta si richiuse dietro la bambina senza che nessuno la seguisse. Di Safi non c'era traccia.

Zara stava trasportando la scatola del rancio. Per scacciare il timore che gli scavava nello stomaco, Nur si alzò per aiutarla.

«Oh, *habibi*» gli disse Mama, «non ti preoccupare, faccio io.» E si affrettò a prendere la scatola dalle mani di Zara.

Nur odiava quando facevano così. Quando lo trattavano con estremo riguardo. Quando lo facevano sentire diverso. Come se fosse *malato*. Scosse la testa e si affacciò alla finestra. Niente, solo i livelli pulitissimi e ordinati del campo. Anche qui, di Safi nemmeno l'ombra.

Nur fu tentato di uscire a cercarlo, ma il problema era che il mondo esterno lo intimoriva un poco. Usciva solo la mattina, quando Mama lo obbligava ad andare a lezione di greco, e due pomeriggi al mese, quando andava a trovare il dottore con il taccuino, ma ogni volta rincasava subito, senza perdere tempo e senza deviazioni. Viveva nel campo da un anno, ma la verità era che l'isola rimaneva una perfetta sconosciuta per lui.

«Devo andare in bagno» disse Zara.

«Puoi tenerla ancora per un po'?» chiese Mama. «Adesso devo cucinare, non posso proprio accompagnarti.»

Nur aggrottò le sopracciglia. Zara non era poi più tanto piccola, ormai. Perché avrebbe dovuto essere accompagnata in bagno? Scacciò la domanda scuotendo il capo e si allontanò dalla finestra, camminando su e giù per la stanza. L'apprensione lo stava divorando, doveva calmarsi, e in fretta. Quando le emozioni avevano la meglio su di lui, il mondo si spaccava.

«Dimmi tre cose che vedi, due cose che senti, e una che puoi annusare» diceva il dottore con il taccuino durante le loro sedute. Era un esercizio per calmare i nervi.

«Vedo...» sussurrò guardandosi intorno. «Vedo un secchio d'acqua potabile, un materasso sgualcito e la tv che Mama ha trovato sul ciglio della strada.» Poi chiuse gli occhi. «Sento... i vicini che litigano, l'altoparlante che strepita i nomi della gente.» Li riaprì. «E annuso il rancio, che Mama sta cucinando di nuovo per dargli sapore.»

Nur si calmò. Safi sarebbe tornato, non c'era da preoccuparsi. Tornava sempre. E avrebbe portato dei vestiti nuovi.

Ogni volta che Safi si presentava con il bottino, la famiglia lo copriva di elogi.

«Sei incredibile» diceva Nur grattandogli il mento. «Non è intelligentissimo, Mama?»

«Safi è unico» diceva lei, e sorrideva. Ma poi, guardandoli giocare, aggiungeva sempre: «Perché non esci un po'?».

«Safi è stanco» rispondeva Nur. «Non vedi la lingua a penzoloni?»

«Intendo...» Mama si aggiustava il velo. «Intendo senza Safi. Lascialo qui con me, lo coccolo un po' io. Tu vai a divertirti con gli altri bambini. Sono sicura che ti farai degli amici.»

Nur esitava, poi tornava a rivolgere le sue attenzioni a Safi. Ignorava la richiesta di Mama, non per maleducazione ma perché non sapeva risponderle.

Safi era il suo unico amico.

Quando avevano lasciato la Siria, Safi gli aveva leccato le lacrime dalle guance. Quando si erano trovati a elemosinare per le strade di Izmir, in Turchia, Safi aveva imparato alcuni trucchi e si esibiva per attrarre i passanti. E quando l'acqua gelida dell'Egeo li sferzava mentre attraversavano il mare sul barcone, Safi aveva tenuto Nur al caldo, una palla di pelo acciambellata sotto la sua felpa.

Nur non aveva altri amici.

Zara sapeva anche essere *amichevole*, quando non era troppo impegnata a copiare Nur in tutto e per tutto, ma di sicuro non erano amici. Al massimo, rifletteva Nur, erano dei non-amici. A volte giocavano insieme, certo, ma Zara non lo capiva, non davvero. E il bello degli amici è che ti capiscono al volo, senza neanche bisogno di parlare. Gli amici si parlano con gli occhi. E Mama, invece?

Neanche Mama era un'amica. Mama era semplicemente Mama.

Safi era l'unico a capirlo davvero, e la cosa a Nur non pesava affatto. Che te ne fai di altri amici quando hai già il migliore nell'universo?

Nur si grattò la guancia. Aveva il volto spruzzato di minuscole cicatrici che da lontano sembravano lentiggini. Lo facevano sembrare più piccolo dei suoi dieci anni.

Guardò l'orologio. Era quasi ora di pranzo, e di Safi neanche l'ombra. Safi non era mai in ritardo.

Mai.

E poi, senza una vera spiegazione, una certezza lo folgorò: Safi non sarebbe tornato. Safi aveva bisogno di aiuto. Famiglia significa non dimenticare mai nessuno.

«Ti ci accompagno io, in bagno» disse allora.

Zara lo guardò stupita, poi annuì.

Davanti alla porta d'ingresso, Nur tirò un sospiro e prese il coraggio a due mani.

«Fate in fretta» disse Mama senza voltarsi. «E, soprattutto, state lontani dal...»

Ma Nur e Zara erano già usciti.

3

Safi tentò di divincolarsi, ma le mani nere furono più veloci. Si chiusero intorno a lui.

«State lontani dal livello degli africani.» Quante volte Mama lo aveva ripetuto?

Il terreno si allontanò dalle sue zampe, e Safi avvertì un senso di vertigine attanagliargli lo stomaco. Fece per abbaiare, ma la sciarpa gli soffocava la voce in gola. Allora iniziò a scalciare e agitarsi e muovere la coda, ma l'uomo nero era troppo forte. Per la seconda volta nella sua vita, Safi si sentì totalmente impotente.

Il suo rapitore s'incamminò. Man mano che si addentravano nel livello africano, Safi vide le tende farsi più fitte fino a fondersi in un infinito tunnel di stoffa sgualcita, coperte grigiastre e teli di plastica. Non era molto diverso dal livello siriano, pensò. Ma le storie che aveva sentito su questa gente...

«Mangiano e bevono di tutto» diceva Mama. «E sono poveri e rubano e ballano in modo strano.»

Safi rabbrividì. Non aveva mai dato retta a questi stereotipi, per lui gli esseri umani erano semplicemente esseri umani, pigmento in più pigmento in meno. Poi però una musica bizzarra riempì l'aria. Era impossibile dire da dove provenisse, poteva essere questa o quella tenda, o magari tutte le tende insieme. Risuonava ovunque. E in un angolo, al limitare della foresta, un uomo africano ballava. Safi non aveva mai visto una danza simile. Se era vero che gli africani ascoltavano questa musica ballando in modo strano, allora poteva esserlo anche che mangiavano di tutto... proprio di tutto.

«Sono la sua cena!» guaì Safi.

Con la forza del terrore, si voltò a guardare il suo rapitore e vide che l'uomo nero non era affatto un uomo. Era un bambino. Safi aveva una possibilità di fuga. Spalancò le fauci lasciando cadere la sciarpa e, con un movimento serpentino del collo, lo morse sul polso.

Il bambino lanciò un urlo e mollò la presa. Safi guizzò via non appena le sue zampe toccarono terra. Si lanciò in una corsa disperata, cieca, per le viuzze scavate tra le tende, cercando una strettoia, un buco in cui infilarsi, una via d'uscita, qualsiasi cosa.

«Aspetta» gridò il bambino dietro di lui, «per favore!»

Era un labirinto. Safi usò l'olfatto per orientarsi, ma invano. L'odore di rancido e di pattume e di muffa gli faceva venire le lacrime agli occhi, gli tappava il naso, travolgeva i suoi sensi. Aveva perso l'orientamento, una sensazione terribile per un cane.

Svoltò in una viuzza e per poco non inciampò in un pannolino abbandonato. «Mi manca solo questa» pensò. Poi alzò lo sguardo, e il bambino era davanti a lui. Safi piantò le zampe a terra e, per un soffio, riuscì a sfuggirgli.

Riprese a correre nella direzione opposta, corse come un forsennato, e quando si guardò alle spalle il bambino era sparito. E allora capì: il bambino non lo stava rincorrendo, lo stava spingendo verso la meta desiderata. Era una trappola.

Safi si fermò. «Pensa, cane, pensa.» Correre non serviva più. Il bambino nero lo avrebbe riacciuffato, di questo ormai era certo. Uggiolò senza volerlo. La foresta che circondava il campo profughi gli rispose con la voce di mille e mille cicale.

«Nur ha bisogno di me» pensò. «Non è ancora pronto. Non è ancora pronto a *vedere*.» Ma non c'era via d'uscita, e Safi lo sapeva. Si era ripromesso di stargli sempre accanto, ma stavolta Nur doveva farcela da solo. «Mi riporterà a casa. Sì, verrà a cercarmi. Anzi, di sicuro mi sta già cercando. Nur è forte, ce la può fare.»

Safi ululò. Un ululato lungo, vibrante, capace di sovrastare il gracchiare dell'altoparlante, la musica strana degli africani, e pure le liti della gente.

Safi ululò con tutto il cuore e attese che le mani nere lo stringessero di nuovo. Il bambino lo raccolse e se lo portò a casa.

4

Al livello di sopra, quello degli afghani, era in atto una protesta. Era sempre in atto una protesta nel campo. Stavolta, osservò Nur, si lamentavano perché il rancio era finito prima che tutti avessero potuto sfamarsi. Una donna carica di vestiti batteva il pugno contro la porta chiusa del container da cui distribuivano il cibo. Piangeva. Diceva di avere quattro figli piccoli che non mangiavano da due giorni. Ma a Nur le cose tristi non piacevano.

«Va tutto bene» disse a mezza voce. «Va tutto bene...»

«Cosa?» chiese Zara.

Si levò un ululato. Era un ululato inconfondibile: quello del suo unico amico.

«Safi!»

Nur e Zara si misero a correre. Era difficile orientarsi con tutto il baccano che facevano i manifestanti, ma inerpicandosi sulla collina sentivano l'ululato via via più vicino, più nitido, più agghiacciante, finché non si spense. Erano davanti al livello degli africani.

«Safi!» chiamò Nur.

Nessuna risposta.

«Safi!» ripeté.

Niente. Nell'aria, solo la musica bizzarra di quella gente.

«L'hanno rapito» disse Zara.

Nur le lanciò un'occhiataccia. «Non dire così.»

Zara, lo sguardo puntato a terra, mosse qualche passo nel livello.

«Dove credi di...?»

Zara non rispose. Si accovacciò e raccolse qualcosa da terra. Nur la raggiunse, lei gliela mostrò: era una sciarpa rosa.

«Questo non prova niente» disse Nur con poca convinzione. «Potrebbe essere di chiunque.» Ma, in cuor suo, Nur sapeva che non era così. Sapeva che si trattava della refurtiva odierna di Safi, quel furfante. Se lo sentiva nelle ossa.

Poi vide il labbro tremante di Zara, i suoi occhi mesti, e non seppe cosa dire per confortarla. Nur non ci sapeva tanto fare con le persone, soprattutto quelle tristi. E così non disse nulla. Si accucciò accanto a lei, prese la sciarpa rosa dalle sue mani e gliela mise al collo.

«Lo riporterò a casa» disse. «Non preoccuparti.»

Si rialzò e con le ginocchia tremanti fece per addentrarsi nel livello degli africani.

«Se vai da solo» disse Zara, «lo dico a Mama.»

Nur si voltò a guardarla. Sua sorella era uno scricciolo di sette anni che sorrideva di rado e non rideva mai, e sapeva essere alquanto fastidiosa, quando voleva.

«Va' a casa.»

Zara si rialzò e si strinse nella sciarpa. Sostenendo lo sguardo del fratello, sollevò il mento e fece schioccare la lingua.

«Sai che sei proprio testarda?» Nur sospirò. «Va bene, hai una soluzione migliore?»

«Sì» disse Zara, e si avviò nella direzione opposta.

«Dove stai andando?»

Zara non si voltò. «Seguimi.»

Nur la osservò allontanarsi. Cosa fare? Sottostare agli ordini della piccola peste o ignorarla e rischiare che andasse a dire tutto a Mama? Nur si voltò a guardare il livello africano con le sue tende sporche e stracciate, e l'ansia tornò a montargli in petto. Zara aveva ragione, non poteva entrarci da solo.

«Fantastico» sibilò. E la raggiunse.

Nur e Zara non erano mai stati particolarmente legati. Quando vivevano in Siria, lei era troppo piccola per destare in lui alcun interesse, e poi, in Turchia, quando Nur e Safi erano impegnati a elemosinare, Zara aiutava Mama a fare le pulizie nella casa dei signori che li ospitavano.

In silenzio, con Zara che camminava un passo davanti a Nur nonostante le gambe più corte, sfilarono accanto al container in cui facevano lezione di greco ogni mattina. Nur non ci andava tanto volentieri, a lezione. Il container era piccolo, male illuminato e puzzava di chiuso. Dopo un anno aveva imparato a sufficienza da poter conversare nella lingua straniera, e ne andava orgoglioso, certo, ma questa non era la sua scuola. Questa non era la Siria.

La Siria.

«La Siria e le sue bombe e il suo governo ci hanno resi profughi» diceva sempre Mama. Nur non sapeva cosa volesse dire essere profughi, non esattamente. Sapeva di non avere i documenti in regola, di non poter andare dal dottore, o andare a scuola con i bambini greci, o lasciare l'isola. Essere profughi per lui voleva dire vivere a metà, come le mosche quando restano intrappolate in casa e sbattono contro le finestre. Essere profughi voleva dire che casa tua è distrutta, il tuo Paese perso per sempre, e con esso il tuo passato, ma allo stesso tempo non riesci a pensare ad altro.

Nur viveva in Grecia da un anno dopo averne trascorsi due in Turchia, ma con la mente era ancora in Siria. E non voleva andarsene.

Immerso nei suoi pensieri, senza neanche accorgersene Nur seguì la sorella fino al livello principale del campo profughi, il livello zero. Cadde dalle nuvole solo quando sentì la ghiaia scricchiolare sotto le sue scarpe. Lanciò un'occhiata prima a Zara e poi all'imponente container che dominava il livello. Il container da cui tutti i profughi si tenevano alla larga. Il container in cui si decideva il fato di ognuno.

Prima che Nur potesse chiederle se fosse impazzita, Zara spalancò la porta ed entrò nel container della Manager del campo profughi.

5

Safi e il suo rapitore entrarono in una tenda color vino. All'interno aleggiava un odore dolciastro di vestiti umidi, di pane vecchio, di muffa, un odore non dissimile da quello della tenda in cui vivevano Nur e la sua famiglia.

Il bambino appoggiò Safi a terra e chiuse la zip della tenda. Il sibilo della cerniera squarciò l'aria. Safi si infilò la coda tra le zampe, abbassò l'unico orecchio e, non potendo trattenersi, iniziò a tremare.

«Ora mi fa arrosto» pensò.

Ma il bambino lo superò con una falcata accovacciandosi accanto a un fagotto di coperte in un angolo della tenda. Safi lo sentì sussurrare parole indistinte.

Cogliendo il momento di distrazione, Safi si guardò intorno in cerca di una via di fuga. In un angolo della tenda giaceva un fornello da campo arrugginito, non poi tanto diverso da quello di Mama, e poco più in là una vecchia radio. Safi mosse qualche passo incerto e la annusò. Odorava di caffè e di fumo, come di solito le cose che gli isolani non volevano più. Con ogni probabilità, si disse, il bambino doveva averla trovata sul ciglio della strada o vicino ai bidoni della spazzatura, proprio dove Mama aveva trovato la tv.

Mentre Safi era tutto intento a perlustrare, quattro mani piombarono su di lui. Safi si voltò di scatto, già pronto a mordere, ma si fermò: erano mani più piccole queste, mani più paffute di quelle che lo avevano rapito. Gli ricordarono quelle di Zara. Due bambini, identici, incombevano su di lui, e gli tiravano la coda e l'unico orecchio mentre le loro dita lo ispezionavano quasi pelo per pelo.

«Guarda, Mama» disse uno dei gemelli, «la nostra Aida è tornata.»

«Aida?» pensò Safi, nascondendo di nuovo la coda tra le zampe.

Il bambino che l'aveva rapito si avvicinò con un balzo. «Lasciatelo in pace» disse, e raccolse Safi da terra.

Per la prima volta Safi si accorse di quanto leggero fosse il suo tocco, quanto attente le sue dita. E, per la prima volta, guardò il suo rapitore, lo guardò davvero: era un bambino magro e slanciato, dalla pelle cioccolato fondente e i capelli elettrici e, proprio come Nur, il passato negli occhi.

«Mama...» sussurrò lui. «Guarda cosa ti ho portato.»

Il fagotto di coperte nell'angolo della tenda si mosse appena. Prima sbucò una zazzera di capelli in tempesta, poi un volto, o meglio, l'ombra di un volto. Due occhi infossati, le guance scavate, la pelle quasi scolorita. Quel fagotto di coperte era Mama, e stava appassendo.

«Guarda cosa ti ho portato» ripeté il bambino.

Mama, gli occhi socchiusi, allungò le mani, e il bambino le porse il cane.

Lei lo accolse in un abbraccio e se lo mise vicino. Senza aprire del tutto gli occhi, lo accarezzò da capo a coda e disse: «Sembra davvero la nostra Aida». La sua voce veniva da un luogo lontano. «Grazie, Tau.»

Safi poteva sentirla respirare, un soffio lieve e faticoso come il vento tra le foglie autunnali. Non si mosse, ma non per paura. Non ne aveva più. Lui stesso non sapeva dire perché fosse paralizzato. Forse perché Mama era fragile, e le cose fragili si maneggiano con gentilezza. Forse perché il suo respiro gli calmava il cuore.

Mama si era già riaddormentata.

«Mi dispiace averti spaventato» disse Tau. Allungò la mano, ma Safi si ritrasse. Il bambino scosse il capo. «Mi dispiace davvero. Di solito non faccio così, ma ho dovuto. Vedi?» Indicò Mama con un cenno del capo. «Abbiamo bisogno di te.»

Sospirando si alzò e si mise a preparare il pranzo. Accese il fornello e preparò mezzo bicchiere di soluzione di latte in polvere per i gemelli e riscaldò i fagioli del rancio in una padella. Mama ne assaggiò un cucchiaio prima di tornare di nuovo a dormire. Alla fine preparò una ciotola di fagioli anche per Safi che, suo malgrado, li divorò.

«Sai» disse Tau lavando i piatti, «alcuni nel livello dicono che tutti i siriani sono terroristi.» Li asciugò con un panno più o meno pulito e li appoggiò su un vassoio di plastica crepata.

All'inizio Safi, che come tutti i cani capiva tutte le lingue del mondo anche senza parlarne nessuna, pensò che parlasse ai gemelli. Poi Tau si voltò verso di lui e sorrise, un sorriso enorme a mille denti, e Safi seppe che si rivolgeva a lui.

«Ma io so che non è così» continuò il bambino. «Forse alcuni lo sono. Alcuni congolesi sono ex militari, altri erano soldati bambino.» Una nuvola oscurò il suo sorriso. «Il campo mi ha insegnato che trovi un po' di tutto, ovunque vai nel mondo. Il resto sono solo pregiudizi.»

Safi lo ascoltava con grande attenzione. Nel sonno Mama gli passò un braccio intorno.

Tau riaprì la cerniera della tenda e si accucciò con il busto dentro e le mani fuori. «Dicono che i siriani sono tutti matti a causa delle bombe.» Iniziò a lavare i vestiti usando un secchio di plastica e un pezzo di sapone. «Ma credo che dopo un po' tutti diventino matti qui, anche quelli che erano a posto all'inizio.»

Safi realizzò che, pur vedendo una via di fuga nella tenda

spalancata, non sentiva il bisogno di darsela a gambe. Forse era il respiro di Mama, si disse, o forse il braccio che lo cingeva lieve. Forse.

«Hanno tante mogli, dicono» continuò Tau mentre strofinava e sbatteva i panni, «rubano e mentono e ti fregano a ogni opportunità. Ma ho visto la tua famiglia, sembrano gente per bene.»

Safi tornò alla realtà. «Allora è stato un rapimento premeditato!» pensò.

Tau aveva smesso di sorridere vedendolo irrigidirsi. «Non ti preoccupare, piccolino» disse sventolando le mani insaponate. «Ti riporterò da loro. Resta con noi solo qualche giorno. Mama è malata e ama i cani, e da quando abbiamo perso Aida... quella è stata l'ultima goccia.» Fece una pausa, e un'ombra gli oscurò il volto. Ma fu solo un momento, poi tornò a sorridere. «Si rimetterà, però. Se la Manager non la vuole aiutare, lo farai tu.»

Finì di lavare i panni, li appese a un filo che collegava due tende e, asciugandosi le mani, si allungò per accarezzare Safi.

E, stavolta, Safi non si ritrasse.

6

La Manager sedeva a una grande scrivania di un colore indefinibile tra il bianco, il marrone e il grigio. In un angolo si trovava un computer sulla cui tastiera la donna batteva furiosamente. Nell'angolo opposto, una bambina era intenta a fare i compiti.

Nur raggiunse la sorella all'interno del container. La bambina che faceva i compiti sollevò lo sguardo. I loro occhi si incontrarono e, mentre quelli di lui si allontanarono subito, quelli di lei indugiarono. Era qualcosa che i bambini greci facevano spesso, guardarlo come se fosse un alieno. La Manager non diede segno di averli notati.

Nur deglutì, prese Zara per mano e stava per trascinarla fuori quando la sorella si divincolò e disse: «Mi scusi?».

La Manager non spostò gli occhi dallo schermo ma smise di scrivere. A Nur si rizzarono i capelli sulla nuca.

«Mi scusi?» ripeté Zara.

Lentamente, la Manager volse il capo. «Sì?»

«Qualcuno si è rubato il nostro cane» disse Zara nel suo greco quasi perfetto. Nello stesso lasso di tempo, Zara aveva appreso la lingua straniera molto più velocemente di Nur. «Stamattina c'era» continuò. «Poi è uscito a rubare i vestiti...»

«Cosa?» esclamarono Nur e la bambina che faceva i compiti, all'unisono. Si scambiarono un'altra occhiata, ma Nur rifuggì di nuovo lo sguardo.

«... e non è più tornato» disse Zara, imperterrita. «Torna sempre, ma oggi non è tornato. Abbiamo trovato questa sciarpa, e lo so che potrebbe essere di chiunque, ma noi sappiamo che è sua. O meglio, era di qualcun altro, ma adesso è sua. E poi l'abbiamo sentito piangere, ma non l'abbiamo visto, solo sentito, e ora è prigioniero degli africani.»

A quelle parole, la bambina che faceva i compiti si tese sulla sedia.

«E quindi?» disse la Manager, gelida.

«È tutto vero» si buttò Nur. «Il nostro cane, Safi, è nel livello africano, e abbiamo bisogno di aiuto per riprendercelo. Non possiamo andare da soli. Potrebbe aiutarci, *mudira*, per favore?»

La Manager li fissò. Era una donna minuta, dai capelli castano chiaro lunghi e lisci e dalle braccia sottili. Nei suoi occhi, neanche l'ombra di un'emozione.

«Fuori» disse, e lo disse in tono piatto, come se stesse contando ad alta voce.

«No, aspetti» fece Nur. «Noi...»

«Fuori» ripeté, «o chiamo la polizia.»

Silenzio.

Nur sbatté le palpebre. Senza volerlo, posò di nuovo lo sguardo sulla bambina che faceva i compiti, e lei ricambiò con un'espressione indecifrabile. Fu allora che Nur notò la somiglianza: era sua figlia.

A quel punto Nur fece per squagliarsela, ma Zara, i piedi ben piantati a terra e il mento puntato davanti a sé, non dava segno di volersi muovere. La Manager restituì il suo sguardo e, lenta, sollevò il ricevitore del telefono. Nur si sentì gelare il sangue.

«Non disturbarti, mamma» disse la bambina che faceva i compiti. «Li accompagno fuori io.» E così si alzò e fece strada. Nur strattonò la sorella, e insieme lasciarono il container.

Appena fuori, Nur inspirò. L'aria era dolce, odorava di foresta e di salsedine e del cambiare delle stagioni. Lontano dallo sguardo di ferro della Manager si sentì rinato.

«Ottima idea» disse, sarcastico. «Farci quasi arrestare.»

Ma Zara non gli prestò attenzione. Stava fissando la figlia della Manager.

«Allora» disse lei, «cominciamo dall'inizio. Come vi chiamate?»

«Zara.»

La bambina le tese la mano. Incredulo, Nur vide sua sorella stringerla.

«Io sono Popi» disse la figlia della Manager. Si girò verso Nur. «E tu?»

«Nur» rispose lui, senza volerlo. C'era qualcosa di magnetico nel suo sguardo. Una scintilla.

«Qualcuno ha rapito il vostro cane, dite?» chiese lei.

Nur annuì.

«Andiamo a cercarlo, allora» disse Popi. «Sarò la vostra guida.» Lo disse così, quasi fosse un semplice dato di fatto anziché una proposta.

«Aspetta» disse Nur, incredulo. «E tua madre?»

Popi piegò il capo di lato. «Se la caverà. A volte, quando ho tempo, la supervisiono mentre lavora, ma anche lei sa che ho altre cose da fare.»

Il tono scherzoso di Popi contrapposto al suo volto inespressivo scioccò Nur ancora di più. Zara, invece, sorrise.

E dato che era un evento raro quello di vedere la sorella sorridere, quando le due bambine si incamminarono, Nur le seguì.

7

Nel livello degli africani, scoprì Safi, non era tutto sporco e rotto e strambo, checché ne dicesse la gente del livello siriano. Le cose qui erano solo diverse.

Ascoltando l'implacabile parlantina di Tau imparò che l'Africa non era un Paese, ma tanti Paesi – cinquantaquattro, per l'esattezza – messi insieme. Non esisteva una musica africana o una danza africana ma infinite musiche e danze che cambiavano di Paese in Paese. E dopo qualche ora ad ascoltare la loro musica, Safi dovette ammetterlo, tanto stramba non era. Aveva un suo ritmo a cui lo scodinzolare si accompagnava con naturalezza.

«Gli anziani sono molto rispettati» spiegò Tau. «Sono loro a farti le domande, e ai pasti vengono serviti prima.» Questo a Safi piacque, gli ricordò la Siria.

«Non tutta l'Africa è fatta di giungle e deserti. Abbiamo città e macchine e grattacieli di vetro che solleticano le nuvole.»

Safi guaì il suo interesse e Tau rise di rimando.

«Non te li immagini nemmeno, piccolino. Devi vederli per crederci.» Dopo un po' disse: «Qui tutti dicono che uno dei nostri principali difetti è quello di arrivare in ritardo. Forse è vero, ma non so bene come spiegarlo...». Fece una pausa e ci pensò su. «Da dove vengo gli orologi funzionano in modo diverso. Non pensiamo tanto al futuro quanto al presente e al passato. Perché il futuro sarà presto presente, e la vita è più dolce quando vivi il momento.»

Cadde il silenzio. Gli uccellini cinguettavano là fuori.

«La nostra famiglia non era povera» riprese dopo un momento. «Non vivevamo in una capanna come pensa la gente qui, avevamo una bella casa in città. E io avevo un computer!» A queste parole gli brillarono gli occhi. Tau si lanciò in una minuziosa descrizione del suo vecchio computer, dei programmi che sapeva utilizzare e persino del sito internet che aveva creato.

Safi imparò che Tau sapeva smontare un computer e rimetterlo insieme pezzo per pezzo facendolo funzionare come prima. Sognava di diventare un informatico, un giorno.

«Questa era la nostra vita di prima.» Tau abbassò lo sguardo studiando le luci che filtravano dalle sgualciture della sua tenda. «In Congo sognavo di andare all'università e un giorno creare un programma che aiutasse anche i poveri ad andare dal dottore online, ma ora tutto questo è impossibile. Abbiamo perso tutto...»

Safi abbaiò per mostrare il suo dissenso.

«Guardati intorno, piccolino.» Tau spalancò le braccia e fece un sorriso triste. «Ci trattano come animali qui... senza offesa. Viviamo in tenda anche per anni, senza bagni, senza cucina. Non ci sono dottori, mancano sempre il cibo e i vestiti, e non ci mandano neanche a scuola con i bambini greci. Il meglio che sanno fare è ammucchiarci in quel container e insegnarci un paio di frasi. Non ci sono diritti per quelli come noi qui. La gente si illude che le cose miglioreranno, ma io... io l'ho persa, la speranza.» Prima che Safi potesse abbaiare di nuovo, Tau si affrettò ad aggiungere: «E va bene così. Ora tutto ciò che conta è che Mama si riprenda. Il futuro non importa».

A Safi si spezzò il cuore. Quelle di Tau non erano le parole di un bambino, erano le parole di un vecchio, le parole di chi ha vissuto abbastanza da rassegnarsi a una vita senza sbocchi, una vita in cui rapire un cane è l'ultima spiaggia per portare un po' di conforto alla madre malata.

Mama aprì gli occhi, le sue palpebre pesanti come saracinesche. Dietro di esse, però, il suo sguardo preservava la dolcezza degli anni andati, e, nonostante tutto, nelle sue pupille danzava ancora una luce giocosa, che ti faceva sentire importante. E così Safi si sentì: importante, utile. Un po' come si sentiva con Nur. O forse ancor di più.

Sotto lo sguardo di Mama, Safi si sentì necessario.

Fu per questo che decise di restare, almeno per un po'.

8

I tre bambini arrivarono all'entrata del livello africano e si fermarono a guardare l'infinita distesa di tende. Nur sentiva l'ansia montare di nuovo, ma non voleva che Popi lo giudicasse un pappamolle, quindi gonfiò il petto e mosse un primo passo. Si fermò.

«Zara» disse voltandosi verso la sorella, «è ora di tornare a casa.»

«Non se ne parla nemmeno» rispose lei.

«Ascolta.» Nur parlò con dolcezza, non voleva fare una scenata davanti a Popi. «Mama mi uccide se ti porto nel livello degli africani, lo sai come la pensa.» Zara fece per ribattere, ma Nur proseguì: «Se vai a casa e copri la mia assenza con Mama, prometto di farti usare la mia stanza quando vuoi».

Zara gli lanciò un'occhiata. Di nuovo quello sguardo, lo sguardo di compassione, quello sguardo che lo faceva sentire difettoso. Come se avesse qualcosa che non andava.

Zara distolse lo sguardo. «Nur... non ce l'hai più, una stanza tutta tua. Viviamo in una...»

«Ora basta» la interruppe Nur, che non aveva alcuna intenzione di stare a sentire quelle parole tristi. «Sono l'uomo della famiglia e ti sto dicendo di tornare a casa.»

Zara corrugò la fronte. «Baba ha detto che in famiglia non si...»

«Baba non è qui.»

Cadde il silenzio. A Nur dispiaceva averle parlato in modo brusco, ma Zara doveva fare quello che diceva lui. Era così nella loro cultura.

Gli occhi di Zara si riempirono di lacrime, ma la bambina non permise a se stessa di piangere. Tirò su col naso, mise il broncio, incrociò le braccia, ma fece come le era stato detto. Si voltò e se ne andò, la sua piccola figura accartocciata come un animale spinoso.

Nur tornò a guardare Popi. Lei ricambiò lo sguardo, negli occhi un misto di divertimento e comprensione. Lui si grattò una cicatrice a forma di spirale sul mento e arrossì. Non sapeva nemmeno perché.

«Andiamo» disse lei, e i due bambini si addentrarono nel livello africano.

A ogni passo, Nur sbirciava la bambina per registrare dettagli nuovi. Per la prima volta, notò la differenza nel modo in cui erano vestiti. Popi indossava un abito a fiori sotto al ginocchio, e scarpe da ginnastica bianche, quasi nuove. Nur invece portava una felpa bucata sulla manica, un paio di jeans lavati troppe volte e delle scarpe di seconda mano.

Incrociò le braccia per nascondere il buco nella felpa. Mentre vestiti del genere potevano andare bene per chi viveva in tenda, pensò, di certo non facevano al caso suo, che viveva in una bella casa con tanto di cucina e bagno e tv e svariate stanze da letto, nel livello siriano del campo.

«Perché mi stai aiutando?» chiese Nur di punto in bianco.

Popi si strinse nelle spalle. «Amo i cani. Mia madre non mi permette di tenerne uno, quindi voglio salvare il tuo, e forse di tanto in tanto potrei venire a trovarvi e giocare con lui.»

A Nur si gelò il sangue al pensiero di condividere Safi con qualcuno. Era un'idea tanto assurda che non riuscì ad articolare una risposta. Si limitò a balbettare e a rabbuiarsi in volto.

Popi gli scoccò un'occhiata. «Va bene, va bene.» Scrollò le spalle. «È il tuo cane, lo capisco. Ma voglio aiutarti lo stesso.»

Il suo fare noncurante non risultava fastidioso o maleducato. Forse perché, sotto l'apparente disinvoltura, si vedeva che a Popi importava. Glielo si leggeva negli occhi.

Nur si morse l'interno della guancia. Ma cosa gli prendeva, tutto d'un tratto? Da solo a girovagare con quella bambina strana, quella perfetta sconosciuta. E poi perché guardarla gli faceva formicolare la pelle, gli toglieva il fiato mentre parlava? E lei, invece? Cosa voleva lei, veramente, da tutta questa faccenda? Nur non aveva amici al di fuori di Safi, dovette ricordarselo, e non aveva alcuna intenzione di farsene di nuovi.

«Al massimo» disse sottovoce, «può essere una non-amica, come Zara.»

«Hai detto qualcosa?» chiese Popi.

Nur arrossì di nuovo. «N-niente...» E poi, per togliersi d'impiccio, chiamò: «Safi!».

La bambina si voltò a guardarlo, una scintilla di sorpresa negli occhi. Senza chiedere spiegazioni, lo imitò. «Safi!»

Suo malgrado, Nur sorrise. «Safi!»

«Safi!» ripeté Popi, ed era forse l'inflessione di un sorriso quella che si sentiva nella sua voce?

«Safi!» gridò Nur, ridendo.

«Safi!» fece eco Popi a voce sempre più alta.

Nur lo chiamò a squarciagola, il cuore che batteva all'impazzata, quasi intontito dall'ilarità che provava. Erano anni che non si sentiva così... felice.

«Safi!» gridò, e stavolta l'amico rispose.

SECONDA PARTE

I

«Safi!»

Tau vide il cane rizzare l'orecchio e guardare in direzione della voce. La cerniera della tenda era aperta, la via di fuga a portata di zampa. Nonostante il legame che sentiva di aver instaurato nelle ultime ore, Tau temette che se la desse a gambe.

«Safi!» chiamò di nuovo la voce. Doveva essere il suo padrone.

Tau si mise un dito sulle labbra pregando Safi di fare silenzio.

Troppo tardi. Safi rispose. Il latrato rimbombò nella tenda come il rintocco di una campana. I gemelli smisero di giocare, Mama si lamentò nel sonno.

Seguì un lungo momento di quiete e respiri trattenuti. Tau guardò Safi. Se si fosse messo a correre, decise, lo avrebbe lasciato andare. Ma, sebbene sull'attenti, Safi non sembrava intenzionato a lasciare il fianco di Mama. E di questo Tau gli fu profondamente grato.

Si alzò in piedi e uscì. Lanciò un ultimo sguardo a Mama e a quel cane spelacchiato stretto nell'abbraccio di lei, e chiuse la zip della tenda.

Svoltò due angoli nel dedalo di tende prima di imbattersi in Nur e Popi, che correvano a perdifiato nella sua direzione. Tutti e tre si fermarono di colpo.

Nessuno aprì bocca. I due maschi si studiavano a distanza. Tau era più alto di Nur e un paio d'anni più grande. Nur era un tipo inquieto, questo Tau lo capì da come si grattava i palmi delle mani, ma aveva anche una luce sinistra negli occhi. Era la luce della sopravvivenza.

«Sei nella parte sbagliata del campo» disse Tau, imitando gli adulti.

«Sto cercando qualcosa» rispose Nur.

Tau annuì. «Cos'hai perso?»

«Non ho perso niente. Sono stato derubato.»

Gli occhi di Popi guizzavano prima sull'uno e poi sull'altro, soffermandosi sulle loro bocche, quasi non usasse solo l'udito ma anche la vista per decifrare le loro parole.

«Derubato?» Tau cercò di dissimulare l'inquietudine che provava. «Non ho visto nulla di rubato qui intorno.»

Nur ridacchiò.

«Cosa c'è di divertente?»

«Niente» rispose Nur senza battere ciglio. «Fa ridere detto da...» Sentendosi lo sguardo di Popi addosso, si interruppe e guardò la bambina. Gli occhi grigi di lei si abbassarono, Nur li seguì fino al polso del bambino africano. Tau si coprì il segno del morso di Safi con l'altra mano.

Nur si sentì avvampare e digrignò i denti. «Dov'è il mio cane!?»

Tau fece un passo indietro. «Cosa?»

«Il mio cane, Safi. Dov'è? Cosa ne hai fatto?»

«I-io...» iniziò Tau. Si fece coraggio, lo fece per Mama. «Io non l'ho visto, il tuo cane.»

«Bugiardo!» disse Nur, facendo un altro passo.

Tau aveva le gambe molli ma smise di indietreggiare. «Chi hai chiamato bugiardo?»

I due bambini erano vicinissimi.

«Dimmi» disse Nur con spregio, «te lo sei già pappato, o aspetti ora di cena?»

Tau sentì una fitta d'ira. Sapeva fin troppo bene cosa dicevano le altre comunità degli africani. Avvicinò il volto a quello di Nur, alitandogli addosso. «Dimmelo tu, sempre che le bombe non ti abbiano tolto anche l'olfatto, oltre a farti uscire di testa.»

Nur sentì montare la rabbia. Era troppo tardi per fare l'esercizio del dottore con il taccuino. Anzi, stavolta non aveva proprio nessuna voglia di farlo.

Non voleva calmarsi, voleva esplodere.

Il mondo andò in frantumi. Divenne tutto nero, come in un tunnel lunghissimo, e un fischio gli riempì le orecchie. Nur ringhiò e colpì Tau sulla mandibola.

Tau finì a gambe all'aria. La sorpresa gli tolse l'aria dai polmoni, ma si risollevò subito. Alzò i pugni come aveva visto fare nei film d'azione nigeriani. Il problema però era che non aveva mai tirato un pugno in vita sua, e quindi si limitò a tenere la guardia.

Nur era paonazzo e aveva gli occhi lucidi e sapeva a malapena dove si trovasse. Nel tunnel in cui era finito riecheggiava lo scoppio delle bombe in lontananza. Fece per attaccare ancora, ma stavolta Tau era preparato e rispose al suo assalto con una spallata.

I due bambini si avvinghiarono alla cieca. Senza lo spazio per caricare i colpi, potevano solo afferrarsi l'un l'altro e calciare la polvere.

«Una volta ho visto due pesci fare così» disse Popi, perplessa. «Alla fine si sono divorati a vicenda.»

Tau e Nur non davano segno di voler concludere la loro danza, e Popi si annoiò presto. «I maschi» disse a nessuno in particolare, poi infilò le mani tra i loro corpi quanto bastava per separarli e scivolò tra di loro. Li abbracciò entrambi.

Nur fu il primo ad accorgersene. Balzò indietro strillando, guardandosi intorno per paura che qualcuno l'avesse visto. Lui abbracciato a una bambina... se Mama lo fosse venuto a sapere, gli avrebbe fatto la pelle!

Tau, invece, non si mosse. Guardò con sconcerto il capo della bambina. Finora si era a malapena accorto della sua presenza. Fu Popi a staccarsi da lui, lentamente, come fosse il modo più naturale di presentarsi a qualcuno.

«Ora» disse lei, tranquillissima. «Ci troviamo davanti a un bel puzzle, ma non temete perché la sottoscritta è la più brava della sua classe a risolverli.» Puntò il dito contro Nur. «Tu, come ti chiami?»

Nur sbatté le palpebre. «Lo sai come mi chiamo.»
Popi schioccò le dita, non infastidita ma perentoria.
«Nur» borbottò lui.
«E tu?»
«Ehm... Tau?»
«Dunque, Nur, tu dici che Tau ha rapito il tuo cane. Tau, tu dici di non averlo fatto. Vi date dei ladri a vicenda, ma magari state entrambi dicendo la verità. O magari mentite entrambi, chi lo sa. Quindi propongo di sistemare la cosa con una sfida.» Fece una pausa come se si aspettasse una reazione particolare. I due bambini la fissarono a occhi sgranati.
«Una sfida» ripeté lei, «un gioco a punti. Chi vince dice la verità, e l'altro non ha possibilità di replica.»
Calò il silenzio. Solo il bisbiglio del vento tra gli alberi riempiva l'aria. Popi li guardò a turno, prima l'uno e poi l'altro, e i due bambini ricambiarono lo sguardo senza sapere cosa fare. Le femmine erano bizzarre in generale, pensarono entrambi, ma Popi era proprio stranissima.
Il silenzio durò così a lungo che Popi si chiese se magari non conoscessero la parola «sfida». Si preparò a parafrasare, ma Tau si schiarì la voce e squadrò Nur da capo a piedi. Per un momento parvero sul punto di azzuffarsi ancora.
«Calcio» disse Tau invece. «Giochiamo a calcio.»

2

Nur si riscosse dalla sorpresa. «Calcio?» esclamò.
«Non ti piace?» chiese Popi.
«Certo che mi piace» disse Nur. Mentiva, era negato per il calcio. «Ma non vedo perché debba scegliere lui il gioco per la competizione.»
Tau si strinse nelle spalle. «Tu non hai detto niente.»
«Ci stavo pensando su.»
«Sei proprio svelto di pensiero.»
Tau e Nur mossero un passo l'uno verso l'altro.
«Bambini, bambini» disse Popi alzando le braccia. «Se

continuate a battibeccare staremo qui tutto il giorno. E poi chi lo trova, Safi?»

Nur e Tau fecero un passo indietro.

«Nur» disse Popi, «che gioco proponi?»

«Basket.»

Popi si rivolse a Tau. «Basket?»

Tau scosse il capo. «Calcio.» Non aveva mai giocato a basket in vita sua.

«Perfetto.» Popi si rallegrò. «Allora scelgo io.»

«Eh!?» disse Nur.

«Non se ne parla nemmeno» disse Tau.

«Sono io l'arbitro, quindi spetta a me la scelta.» Popi fece un passo indietro. Adesso non si trovava più tra di loro ma accanto a loro. «Tau, tu sei più bravo a calcio. Nur, tu a basket. Sarebbe una sfida ingiusta in entrambi i casi. Quindi...»

I due bambini rizzarono le orecchie. Popi profumava di camomilla.

«La sfida sarà il nuoto» decretò lei battendo le mani.

Silenzio.

Nur non sapeva nuotare. Vicino a casa sua in Siria scorreva un fiume, ma era inquinato e Mama gli aveva sempre proibito di tuffarsi. E, durante la guerra, a volte la pioggia si raccoglieva nei crateri lasciati dalle bombe, ma questi erano troppo superficiali per imparare alcunché. Anche Tau non sapeva nuotare. Era un ragazzo di città, vicino al suo appartamento non c'erano fiumi o stagni, e non aveva mai avuto la possibilità di iscriversi a un corso di nuoto.

In più, entrambi erano terrorizzati dal mare. L'avevano attraversato con i barconi viaggiando dalla Turchia alla Grecia e avevano rischiato la vita nel farlo, e ora anche solo vederlo dalla collina dava loro un senso di vertigine. Ma nessuno dei due immaginava che anche l'altro non sapesse nuotare, e né Nur né Tau vollero ammettere la mancanza.

I due bambini annuirono a malincuore.

Popi, che amava il mare ma non aveva mai nessuno con cui andarci, batté di nuovo le mani. «Fantastico» disse, e iniziò a camminare giù per la collina.

Nur e Tau si scambiarono uno sguardo d'allarme, poi ricordarono di essere rivali e, fissando dritto davanti a sé, si affrettarono a raggiungerla.

«Popi, comunque» disse lei ritrovandoseli di fianco. «Mi chiamo Popi. Dovreste imparare a essere più educati.»

Il gruppo uscì dal labirinto di tende che era il livello africano e si diresse verso il cancello principale del campo.

Poco prima del livello dei siriani, Nur disse: «Passiamo dietro i bagni».

«Perché?» chiese Popi.

«Se passiamo davanti a casa mia e Mama mi vede sono guai.»

«Vivi in una casa?» disse Tau. «Caspita, che fortuna!»

Nur non rispose. Popi gli lanciò una delle sue occhiate indecifrabili.

I tre bambini sgattaiolarono dietro i bagni pubblici, camminando in punta di piedi tra i rivoli di acque nere e coprendosi il naso per proteggersi dal fetore.

Davanti al cancello principale, Nur esitò. Era uscito dal campo in passato, ma si era spinto al massimo fino al supermercato, mai oltre, e non così, non senza neanche sapere dove fosse diretto.

Anche Tau era titubante, l'idea di seguire quella bambina lo riempiva di dubbi. Popi era greca, aveva i documenti in regola, non era come loro, non era diversa in una terra straniera. Ed era la prima volta che un isolano mostrava gentilezza nei suoi confronti. E se fosse stata una trappola?

Ma in fin dei conti entrambi erano più intrigati che scoraggiati, e così, dopo un istante di esitazione, varcarono il cancello. Si lasciarono il filo spinato alle spalle.

Il gruppo scese la collina finché i tetti della cittadina diventarono case, e le case si schiusero rivelando le strade che le separavano. Man mano che si avvicinavano al centro cittadino, le vie si animavano dei negozi e dei tavolini di bar e ristoranti che ne affollavano i marciapiedi.

«Questa è la panetteria del signor Costas» disse Popi davanti a un negozietto stretto e lungo. «La gente dice che puoi indovinare il suo umore ogni giorno semplicemente addentando il pane che sforna. Da quando ha divorziato dalla moglie il suo pane è salatissimo!»

«Divorziato?» disse Nur.

«È quando due persone che si amavano capiscono che stare insieme fa più male che bene, e quindi si lasciano andare.» Fece una pausa. Senza cambiare tono, aggiunse: «È quello che è successo a mia madre e mio padre».

«Oh...»

«E questa, invece» continuò Popi, «è la rosticceria più vecchia della città. Fanno un gyros buonissimo, ma noi non ci andiamo più da quando abbiamo scoperto che sono *razzisti.*»

«Razzisti?» fece eco Nur.

«Razzismo» disse Tau «è quando la cassiera del supermercato ti dà il resto sbagliato perché pensa che non sappiamo contare. È quando la polizia ti dice le parolacce senza motivo. È quando i bambini greci ti guardano passare e non ti dicono niente, ma i loro occhi ti fanno sentire piccolo e fuori posto solo perché sei diverso.» Si voltò verso Popi e aggiunse: «Senza offesa».

Lei gli rivolse un sorriso lieve.

Il trio sfilò davanti al negozio di Gimmy, il signore cinese che vendeva le tende a tutta la popolazione del campo. Accanto al suo, c'era un negozio sfitto dalle cui vetrine si vedeva una scala imponente.

«Quando ero piccola» disse Popi, «questa era una libreria. Ci venivo con mio padre, e insieme sceglievamo un libro da leggere la sera. Mi manca, quella libreria.»

Tau e Nur si scambiarono un'occhiata.

«Mio padre manca anche a me» disse Tau. Gli uscì così, incontrollato, come un singhiozzo.

Popi lo guardò e lui abbozzò un sorriso.

«E quel negozio» chiese Nur per cambiare discorso «cos'è?»

«Ah, quello è il...» Popi riprese a svelare loro i segreti dell'isola.

Guidati dalla bambina, Nur e Tau iniziarono a vedere la città con occhi diversi. Conoscere i nomi e le storie del fornaio, della fruttivendola, del fiorista, del ristoratore e dell'avvocato li fece sembrare un po' più familiari, più simili ai fornai, alle fruttivendole, ai fioristi, ai ristoratori e agli avvocati che avevano conosciuto e abbandonato nei loro Paesi d'origine.

Arrivarono nella piazza principale. Il sole pomeridiano rimbalzava sulle fronde delle palme e dorava le piastrelle dando alla scena un'aria mite, spensierata. Una coppia di piccioni beccava a terra, all'ombra della statua che torreggiava al centro della piazza. Oltre la piazza, il mare.

Nur e Tau lo guardarono e deglutirono la loro ansia.

«No, non qui» disse Popi seguendo il loro sguardo. «Non possiamo certo nuotare nel porto. La spiaggia è un po' più in là, verso l'ospedale. Forza, ci siamo quasi.»

Il trio attraversò la piazza dove un gruppo di bambini greci giocava a calcio. Popi si irrigidì appena, ma continuò a camminare spedita.

I bambini si fermarono e la seguirono con lo sguardo.

Uno di loro ruppe il silenzio. «Guardate la figlia della Manager che porta a spasso gli immigrati.»

Un altro calciò la palla, non contro Popi, ma neanche tanto lontano da lei. La bambina continuò a camminare imperterrita.

Incontrando i loro occhi, Nur capì le parole di Tau quando parlava di razzismo. Guardavano Popi cercando di farla sentire piccola, fuori luogo. Sbagliata.

«Perché?» chiese Nur. «Perché fanno così? Tu sei una di loro.»

Popi non rispose. Il gruppo marciò spedito fino alla fine della piazza, e solo allora lei sembrò rilassarsi. Si fermarono, ma nessuno parlò.

«Allora?» disse Popi dopo un po'. «La spiaggia ci aspetta, non c'è tempo da perdere.» Nessuno mosse un passo.

«Non li ascoltare» disse Tau.

Nur annuì. «Posso prenderli a pugni se vuoi.»

Popi ridacchiò. La sua risata mise di buonumore gli altri due. Ripresero a camminare.

«Non è cattiva, sapete?» disse lei di punto in bianco.

Nur e Tau si scambiarono un'occhiata perplessa.

«Mia madre» disse Popi «non è cattiva, solo non sa come fare. La gente dell'isola dice che è lei a portare i profughi... a portarvi qui. Dicono che si arricchisce tenendovi qui. E i profughi la accusano di farli vivere in tenda, senza bagni, senza dottore. Ma lei dice che il governo e l'Europa hanno abbandonato l'isola, che non ci sono soldi, che non interessa a nessuno.»

Nur e Tau tacquero. Non volevano sembrare scortesi o ripetere le brutte parole che avevano sentito sulla madre di Popi. Avevano sempre avuto il terrore di lei, e quando la vedevano passare per i livelli si nascondevano. La consideravano un essere sovrumano, una regina senza cuore. Non avevano mai pensato a lei come a una persona vera, o una madre persino.

«Anche il governo del Congo ci ha abbandonati» disse Tau. Non sapeva granché di governi, ma gli sembrò la cosa giusta da dire.

«Già» disse Nur.

I tre si scambiarono un'occhiata e, loro malgrado, sorrisero.

E Popi, che ormai aveva capito che gli altri due non sapevano nuotare e avevano una fifa blu del mare, chiese: «Chi ha fame?».

3

Arrivarono alla taverna di Nonna quando il sole era ancora alto nel cielo.

Nonna accolse Popi con un abbraccio. Poi, vedendo Tau e Nur, abbracciò anche loro. A entrambi la sua accoglienza piacque molto. Entrambi cercarono di non darlo troppo a vedere.

La taverna di Nonna era un vecchio locale affacciato sul mare. Gli schizzi d'acqua salata stavano via via spelando la vernice bianca dal corrimano della terrazza e i gatti randagi si appollaiavano sulle sedie non appena i clienti se ne andavano, ma proprio per questo il locale aveva un fascino tutto suo. Come Nonna, anche la taverna diventava più bella con il tempo, ogni nuova ruga le donava un'aria di saggezza e comprensione. Per Popi la taverna di Nonna era casa.

Il trio si sedette a un tavolo che Nonna preparò per loro sotto il gazebo. Piatti fumanti e profumati apparvero poco dopo. Nur sentì lo stomaco brontolare e ricordò di aver saltato il pranzo. Aveva una fame nera.

Nonna entrava e usciva dalla cucina velocissima, e presto la tavola fu imbandita. C'erano l'insalata greca, il pollo arrosto, lo tzatziki e il dolma, un involtino di foglia di vite ripieno di riso che colse Nur di sorpresa riportandolo a casa, in Siria, dove lo aveva mangiato spesso. Infine, Nonna portò in tavola un piatto di tentacoli di polpo alla griglia, che Tau assaggiò con diffidenza ma di cui si innamorò subito.

Nur e Tau avevano sempre pensato che il cibo greco fosse disgustoso, stando al rancio del campo. E invece, mentre gustavano la cucina locale per la prima volta, la scoprirono sì diversa, ma anche simile alla loro nell'uso di certe spezie e di alcuni ingredienti. Il cibo di Nonna piacque a entrambi. Popi li osservò buttare giù tutto soddisfatta.

Per finire, Nonna servì loro un piatto di baklava, un dolce tipico che entrambi i bambini avevano già assaggiato in Turchia, e si sedette con loro sorseggiando caffè greco.

«Allora?» disse Nonna.

«Tutto buonissimo» disse Tau.

Nur annuì, sazio. «Grazie, signora...»

«Nonna» disse lei. «Potete chiamarmi Nonna, se volete.»

Nur e Tau si scambiarono un'occhiata. Pensavano di non avere niente in comune, ma guardandosi negli occhi capirono che qualcosa c'era: a entrambi mancava la propria nonna.

Ora che aveva lo stomaco pieno, Nur si sentiva anche più calmo. Si appoggiò allo schienale della sedia e disse: «Il cibo greco è diverso da come me l'ero immaginato. Alcuni piatti mi hanno ricordato la cucina siriana».

«Certo» disse Nonna. «Quest'isola può sembrare un posto qualunque, ma tantissime persone da luoghi lontani sono passate di qui nei secoli, e ognuna ha lasciato qualcosa di suo. Se vivi in una città abbastanza a lungo, la città cambia un poco intorno a te, e così tu insieme a lei.» Nonna fece l'occhiolino. «E poi io ci aggiungo sempre un pizzico della mia, di tradizione.»

Tau allungò le gambe sotto il tavolo. «In che senso?»

Nonna guardò Popi. La bambina, come sempre quando

si toccava l'argomento, si agitò sulla sedia, a disagio. «Noi siamo di origine albanese» rispose Nonna. «Quando ero più giovane, nel mio Paese è scoppiata la guerra...»

«Dov'è l'Albania?» la interruppe Tau.

«In Europa.»

«C'è stata la guerra in Europa!?» Nur era a dir poco scioccato.

«Molte.» Nonna annuì. «Moltissime, in effetti. Entrambe le guerre più gravi di sempre sono iniziate qui.»

Nur e Tau la fissarono con gli occhi sgranati, indecisi se crederle o no. Non avevano mai sentito di guerre in Europa, avevano sempre pensato che quelli fossero problemi solo dei loro Paesi. Ma la luce sincera negli occhi di Nonna li rassicurò. Le nonne, si sa, dicono sempre la verità.

«Quando ero più giovane, stavo dicendo» riprese lei sorseggiando il suo caffè, «in Albania scoppiò la guerra. Erano tempi difficili, soprattutto nei villaggi. Eravamo molto poveri, e mia figlia era poco più grande di Popi quando decidemmo di scappare e venire in Grecia.»

Tau aggrottò le sopracciglia. «Perché la Grecia? Non c'è niente qui, solo cattiveria.»

Uno sbuffo di brezza marina scompigliò i ricci bianchi di Nonna. Un gioco di ombre e luci le danzò sul volto, quel volto che Popi conosceva così bene. L'aveva vista invecchiare negli ultimi anni. Le si era incurvata la schiena, e una rete di vene violacee era emersa sul dorso delle sue mani. Ma negli occhi si vedevano ancora le sue storie, la fiamma di una passione senza tempo, quella per il Paese natale.

«È stato difficile» disse Nonna, «non lo nego. Credo che per Popi lo sia ancora. Ma ci siamo arrangiati. Ci siamo spostati spesso all'inizio, io lavavo i piatti in un ristorante, mio marito faceva il cameriere nel ristorante sul lato opposto della strada, e potevamo vederci solo di nascosto durante le pause, perché i nostri datori di lavoro si facevano concorrenza e temevano che rivelassimo le loro ricette segrete.» Nonna rise dietro la tazzina da caffè. «Imparare la lingua fu difficile, ma imparare la storia lo fu ancora di più. Alla fine, però, fu proprio la storia a permetterci di integrarci. Imparate il passato di un popolo e capirete i perché del suo presente.»

La pelle di Nonna era diventata più sottile nel tempo, quasi trasparente, ma a Popi pareva che il colore perso nei pigmenti, Nonna lo avesse messo nell'anima. E mentre il presente diventava passato, i suoi ricordi diventavano storie della buonanotte. Popi era cresciuta ascoltandole. Le avevano dato forza. Le avevano dato il coraggio di essere diversa.

«E alla fine siamo arrivati su quest'isola» disse Nonna. «Avevamo risparmiato abbastanza da affittare questo locale, e così ci mettemmo in proprio. L'abbiamo ristrutturato da soli, stavamo svegli tutta la notte. L'abbiamo arredato con mobilia di seconda mano, la stessa che vedete ora. E poi, dopo quindici anni di attività, siamo riusciti a comprarlo.»

La storia di Nonna fece dimenticare a Nur il suo passato per un istante. E a Tau, per la prima volta da tanto tempo, il presente parve un po' più caldo, più morbido, più gentile.

«Quando abbiamo lasciato l'Albania» continuò Nonna, «pensavamo di aver perso per sempre sia il passato che il futuro. Pensavamo che il presente fosse solo un istante in mezzo a qualcosa che non esisteva più e qualcosa in cui è inutile sperare.» Fece una pausa, lo sguardo perso tra le onde. «Ma poi mia figlia è cresciuta e ha lasciato l'isola per andare all'università. E quando è tornata, Popi era con lei. Appena l'ho vista, appena ho visto questo faccino meraviglioso, il mio presente si è illuminato, e ho capito che, senza neanche accorgermene, il futuro era già tornato nelle nostre vite.»

Nonna accarezzò i capelli di Popi. Quando era nata la bambina, anche il passato era tornato a farle visita, e con lui un pezzo della sua terra perduta. Ogni volta che Nonna guardava negli occhi grigi di Popi, ci vedeva sua madre, la bisnonna di Popi, e in un certo senso ridiventava un po' bambina a sua volta. Ma questo Nonna non lo disse, lo pensò e basta.

Popi guardò Nonna, la donna che l'aveva cresciuta, e pensò che da grande voleva diventare proprio come lei. Aveva superato così tante difficoltà e, anche quando si perdeva d'animo, riusciva sempre a rimettersi in piedi. A Nonna non importava il giudizio della gente. Nonna era la sua migliore amica.

L'aria profumava di alghe e scogli bagnati, e il borbottio del mare rendeva il silenzio piacevole quanto la conversazione.

«Quindi siete albanesi o siete greci?» chiese Tau, perplesso.

«Siamo entrambi.»

Nur appoggiò i gomiti sul tavolo. «Com'è possibile?»

«Come dicevo prima, quando vivi in un luogo abbastanza a lungo, la terra ti entra dentro. Non perdi mai chi sei, le tue origini, ma puoi fare spazio per altro, per gli altri e per chi diventerai. Non dobbiamo per forza essere una cosa sola, possiamo esserne infinite.»

Tau, che aveva smesso di credere nel futuro, sentì qualcosa smuoversi dentro di sé, lanciargli piccole scariche elettriche nella pancia, come se un animaletto si fosse risvegliato nel fondo del suo stomaco e ora non ne volesse sapere di tornare a dormire.

Era la speranza.

«Siamo diversi, è vero» disse Nonna guardando Popi negli occhi. «Ma non lo sono tutti, in fondo? Quando gli altri ci puntano il dito contro, è perché pensano che se ci fanno sentire diversi, allora la gente non si accorgerà che sono proprio loro a sentirsi fuori posto.» Nonna li guardò a uno a uno. «Ma sapete qual è il bello?»

«Essere diversi significa essere unici» disse Popi rubandole le parole di bocca. «Se fossimo tutti uguali, la vita sarebbe noiosissima.» Sapeva a memoria le storie che le raccontava Nonna, e così la morale di questi racconti, ma non si stancava mai di ascoltarle. Prima o poi, sperava, le avrebbe fatte sue.

«Ci sentiamo sempre indifesi davanti a quello che non conosciamo» concluse Nonna. «Siamo tutti stranieri agli occhi di qualcun altro.»

Cadde il silenzio, un silenzio rilassato, dolce, stavolta. Il sole aveva iniziato la sua discesa.

Popi si alzò e si mise a rovistare all'interno di una cassapanca. Quando li trovò, batté le mani e disse: «Pronti a nuotare?».

Nur e Tau sbiancarono.
«Non preoccupatevi, abbiamo questi.» Popi levò in aria due paia di braccioli. «Vi insegno io.»

4

La cala vicino all'ospedale nascondeva una spiaggia graziosa e assolata, protetta dal vento e dalle onde. L'acqua era cristallina, azzurra vicino alla riva e zaffiro laddove non si toccava più. I bagnanti prendevano il sole sdraiati su teli da mare. Era una spiaggia pubblica.
Nur avvampò vedendo le donne in costume. Non riuscì a trattenersi, si coprì gli occhi per la vergogna. Cosa avrebbe detto Mama se avesse saputo che le aveva guardate?
«Qui è normale» disse Popi notando il suo disagio. «Se non vuoi guardarle, non sei obbligato. Essere curiosi va bene. Solo, non fissare.»
«Grazie, ma sto bene così!» Nur era rosso come un peperone.
I bambini scesero in spiaggia. All'ingresso un vecchio sedeva su una sedia di plastica. Indossava un cappello rosso e una camicia a righe. Gli mancava un dito mignolo.
Popi superò il muretto che dava accesso alla spiaggia indisturbata, ma quando venne il turno di Tau e Nur, il vecchio distese il braccio e disse: «Non si può entrare».
Popi si fermò.
«Perché?» chiese Nur.
«È una spiaggia privata.» Il vecchio parlava senza nemmeno guardarli.
Tau si era rabbuiato. Non riusciva neanche a trovare le parole, scuoteva solo il capo.
«E quelli?» Nur indicò i bagnanti con il mento.
Il vecchio non voltò il capo. «Stanno nell'hotel qui vicino.»
«Non è vero» disse Popi. Tra i bagnanti c'era anche il gruppo di bambini greci che avevano incontrato in piazza prima di pranzo.

Il vecchio si girò a guardarla. Parve sorpreso di trovarla lì.

«Dici così solo perché sono profughi» disse Popi. «A me, invece, hai fatto passare come se niente fosse, solo perché sono di...»

«Non sono io a fare le regole» la interruppe il vecchio.

Popi non si lasciò scoraggiare. «Fammi vedere allora.»

«Cosa?»

«La regola. Se è una regola, dev'essere scritta da qualche parte.» Glielo aveva insegnato sua madre.

«N-non è scritta.»

«Allora non è una regola.» Gli occhi di Popi scintillarono. «E sai una cosa? Anch'io non sono di qui, sono albanese, ma sono *anche* greca, e loro vengono con me.»

A queste parole Nur fece per entrare in spiaggia, ma il vecchio si alzò e gli si parò davanti. Nur sentì la rabbia montargli dentro. Avrebbe voluto mettersi a urlare, e forse l'avrebbe fatto se Tau non fosse intervenuto.

«So perché fa così, signore» disse. «Fa così perché siamo diversi, e perché...»

«Se non la smettete» lo interruppe il vecchio, «chiamo la...»

Popi batté le mani, una sola volta, ma tutti si ammutolirono. «Tau non ha finito di parlare.»

Tau inspirò. «Fa così perché siamo diversi, e perché ha paura. Non di noi, ma del futuro. Vi sentite abbandonati, non ci sono soldi, e tutte queste persone straniere che vanno su e giù per le strade della vostra isola... che cosa vogliono? Che cosa ne sarà della vostra terra?»

Gli tremava la voce, ma continuò a parlare. «La verità, signore, è che anche noi vorremmo essere altrove. Non voglio sembrare ingrato, ma viviamo in tenda, di notte i ratti ci mordono le guance, a volte non mangiamo per giorni, e questo fa male. Siamo sempre tristi, qui, lo sa? E ci manca casa nostra. Anche se sembra impossibile, ci manca il nostro letto, il nostro bagno, ci mancano le nostre cose e i nostri amici.»

«E allora perché non ci siete rimasti?»

«Perché non avevamo scelta» rispose Nur. «Se fossimo rimasti, saremmo morti.»

«Nessuno lascia la sua terra, a meno che la sua terra non sia diventata qualcosa di irriconoscibile. Nessuno lascia casa, a meno che non sia già perduta per sempre.» Tau fece una pausa. Il cuore gli batteva a mille. «Non so cosa ne sarà di questa terra, ma se ci accettate, ce ne prenderemo cura insieme.»

«E ora, se vuole scusarci...» disse Popi. «Altrimenti, possiamo aspettare la polizia insieme.»

Il vecchio esitò per un istante. «Non fate baccano» disse infine, e tornò a sedere.

Nur e Tau raggiunsero Popi sulla ghiaia della spiaggia, e insieme si diressero verso il mare. Si sentivano stremati, ma lo scintillio dell'acqua e l'odore di salsedine li rinvigorirono, e così, senza quasi accorgersene, si sentirono più leggeri.

Popi aiutò Nur e Tau a indossare i braccioli, e tutti e tre andarono a bagnarsi i piedi in acqua. Il mare era fresco, portava con sé i primi brividi dell'autunno, ma il sole era caldo come una carezza, e si stava bene.

Nur e Tau zampettarono incerti sui sassi, dapprima arrotolandosi i pantaloni nella speranza di tenerli asciutti, poi immergendosi fino alla vita. Popi dava loro consigli da riva. Tau fu il primo a mettere alla prova i braccioli, e quando vide che galleggiava davvero lanciò un urlo di gioia.

Popi si voltò verso il gruppo di bambini greci. Guardavano Tau parlando fitto e sghignazzando di tanto in tanto, e per un momento Popi sentì il solito disagio darle i crampi allo stomaco. D'un tratto, però, ricordò le parole di Nonna e, guardando i suoi nuovi compagni di avventura ridere spensierati, decise di infischiarsene. Si tuffò con loro.

Nur sembrava meno coraggioso di Tau, non si fidava troppo dei braccioli. Soprattutto, non si fidava per niente del mare. Viveva sull'isola da un anno, eppure non aveva mai nuotato. Aveva sempre pensato che il mare appartenesse ai cittadini e che le spiagge fossero un lusso di chi aveva i documenti in regola. E invece Popi gli aveva dimostrato che si sbagliava.

Popi lo prese per mano. «Forza» disse. «Ti guido io.»

Nur arrossì al contatto, ma non si ritrasse.

«Prova a saltellare, ogni passo un po' più alto, come se fossi un astronauta sulla luna.» Piano piano, Popi lo condusse verso acque più profonde, il suo vestito a fiori ormai fradicio fino alle spalle. «Ce la puoi fare. Credo in te.»

Andò tutto bene finché Nur sentì il fondale sotto ai piedi. Ma quando perse il contatto e si ritrovò a fluttuare, l'ansia lo travolse. Iniziò a respirare affannosamente, strinse la mano di Popi con tutte le sue forze, ma non voleva tirarla giù con sé. Aveva paura.

Tentò l'esercizio del dottore con il taccuino. «Dimmi tre cose che vedi» bisbigliò, «due cose che senti, e... e...» Non funzionava, era troppo tardi, e la riva era troppo lontana.

«E una che puoi annusare» concluse Popi. «Cosa vedi, Nur?»

Lui la guardò stupefatto. «Vedo una bambina con gli occhi grigi.» Gli occhi di Popi erano calmi, fissi nei suoi. Nur si accorse di una presenza accanto a sé: era Tau. Non faceva niente di particolare, c'era e basta. «Vedo un bambino alto e forte» continuò Nur, «un bambino che ha paura. Ed è forte proprio perché ha paura.» Nur si voltò verso la spiaggia. «Vedo i bambini greci, ma sono lontani, quasi dei puntini.»

«Cosa senti?» chiese Popi.

«Sento...» Nur si guardò le mani. «L'acqua è fredda, mi fa rabbrividire, ma la tua mano è calda.» Il tocco di Popi lo faceva sentire al sicuro.

«Cosa annusi?» Ora Popi stava sorridendo.

Nur esitò. «Annusare è proprio difficile adesso» disse. «Ho il naso tappato!»

Tau scoppiò a ridere, e Nur lo seguì a ruota. Rise tanto e forte, e quando tornò in sé si accorse che Popi si era allontanata nuotando, non gli teneva più la mano. Nur stava galleggiando da solo, e non aveva più paura. Non del mare, almeno.

Il trio passò ore a nuotare e ridere e tuffarsi. Nuotarono finché il sole non si avvicinò alla cresta della collina e tutti gli altri bagnanti se ne furono andati. Alla fine, Nur e Tau si sentirono abbastanza a proprio agio da tentare una gara da una sponda all'altra della cala. Gareggiarono senza un vero spirito di competizione, per mostrare più che altro a se stessi i progressi fatti quel giorno. Fu Nur a toccare gli scogli della sponda opposta per primo.

E quando tornarono a riva, indolenziti ma felici, si resero conto dell'affetto che provavano gli uni per gli altri. Ci sono sfide che non puoi vincere senza che si crei un legame con i tuoi compagni di avventura, e imparare a superare i pregiudizi è una di queste.

I tre bambini si lasciarono cadere sui ciottoli caldi e, ansimanti, guardarono il cielo. Per un po' nessuno parlò.

«Ho vinto io» disse Nur infine. «Posso riavere il mio cane adesso?»

5

Tau sedette di scatto. Si era quasi dimenticato del cane. E, per la prima volta da tantissimo tempo, si era dimenticato di Mama e di quanto la sua malattia lo facesse sentire solo. Si sentì in colpa per questo.

Nur aveva parlato con il sorriso, un po' per scherzo e un po' sicuro che le cose sarebbero tornate a posto ora che lui e Tau avevano seppellito l'ascia di guerra. Ma, vedendo la reazione dell'altro bambino, si tirò su a sua volta, pronto a farsi valere.

Solo che Tau tacque. Lo sguardo fisso davanti a sé, non disse una parola.

«Allora?» fece Nur, spazientendosi.

Tau non rispose. Fissava un punto indefinito tra i ciottoli.

Nur tentò di mantenere la calma. «Senti» disse, «lo so che sei stato tu a prendere Safi. Non fa niente, lo capisco. È un cane fantastico. Penso avrei fatto lo stesso al tuo posto. Però ho bisogno di lui, perché Safi è il mio unico amico.»

Anche Popi si mise a sedere. «E noi?»

«Aspetta» si affrettò a spiegare Nur, «intendo... io... voi... non è la stessa cosa.»

«E allora com'è?» Popi era ferita, glielo si vedeva negli occhi.

Silenzio.

Tau sentì una grande tristezza appesantirgli il cuore. Senza proferire parola, si alzò e si incamminò verso il muretto. Non poteva restituire Safi, Mama aveva bisogno di lui. Al contempo, non voleva più mentire a Nur. Gli restava solo la fuga.

«Tau» lo chiamò Nur, alzandosi in piedi. «Per favore.»

Tau si fermò. Non si voltò. Il sole baciava la collina tingendo i suoi contorni di ocra, gli alberi di zafferano, le rocce d'ambra. La pelle del bambino brillava nella luce stanca.

Sulla strada che portava alla spiaggia comparve Zara, la sorella minore di Nur. Dopo essere stata esclusa dalla spedizione nel livello africano, era finalmente andata in bagno, per poi seguire di nascosto il gruppo fino alla taverna di Nonna, e poi giù fino alla spiaggia. Indossava ancora la sciarpa che Nur le aveva messo intorno al collo.

Senza dire nulla, Zara superò il muretto e si fermò davanti a Tau. Poi si tolse la sciarpa e gliela porse. Lui la riconobbe subito: era la sciarpa rosa che Safi aveva in bocca quando lo aveva rapito. A occhi bassi, Tau la accettò.

«Safi mi ricorda mio padre» disse Nur. «È tutto quello che mi resta di lui.»

Trascorse un lungo istante prima che Tau scoppiasse a piangere.

Popi balzò in piedi e in un battibaleno coprì la distanza tra loro. Posò la mano sulla spalla dell'amico e disse: «Va tutto bene».

Nur mosse qualche passo e si fermò. Non sapeva cosa fare. Poi, però, ricordò come Tau gli era rimasto vicino in mare quando aveva smesso di toccare e l'ansia lo stava avvolgendo, e così lo raggiunse. Non gli mise una mano sulla spalla, gli stette solo vicino. Sperò potesse bastare.

«Mio padre era un ingegnere» disse Tau tra i singhiozzi, «ed era il mio eroe. È morto tre anni fa. Credo che l'acqua nel nostro palazzo fosse contaminata, perché anche la nostra vicina ha preso la stessa malattia, e poi Mama. Faceva la parrucchiera, quando stava bene. Mama, dico. Tagliava i capelli a tutti noi ed era bravissima. L'ultima volta che mi ha tagliato i capelli eravamo ancora a casa.» La voce di Tau si spezzò. «Ora è troppo debole per farlo.»

«Va tutto bene» ripeté Popi. «Con noi sei al sicuro.»

«Dopo che papà se n'è andato in cielo, i soldi per le cure di Mama non bastavano più. Abbiamo lasciato il Congo per cercare un ospedale che potesse curarla. Sapevamo che l'Europa ha gli ospedali migliori e che curano tutti, ricchi e poveri che siano. Quindi abbiamo venduto ogni cosa per pagarci il viaggio. Ho venduto il mio computer a pezzi per ricavare di più. Abbiamo tenuto solo una borsa di vestiti e Aida, il cane di Mama. Mama ha sempre avuto un cane, fin da quando era bambina, ma Aida era speciale. Mama la adorava. Aida era l'unica amica di Mama. La sua migliore amica.»

Nur sentì una fitta al cuore. E sentì anche qualcos'altro, un sentimento sempre più grande, una sensazione che aveva provato a ignorare per ore, solo che adesso era cresciuta a dismisura. Spesso l'amicizia nasce quando due persone si accorgono di come le cose che hanno in comune superino quelle che le dividono. In questo modo si sentono un po' meno sole.

«E così abbiamo lasciato il Congo» continuò Tau, ora un po' più calmo. «Non c'era la guerra nella mia città, non ho mai visto una bomba scoppiare. Ma era altrettanto pericoloso per noi. Stavamo tutti rischiando la vita laggiù. Il mio Paese avrebbe lasciato morire Mama senza pensarci un attimo.» Per la prima volta, Tau levò lo sguardo. «I trafficanti ci hanno ingannato. Hanno preso tutti i nostri soldi promettendoci sicurezza e velocità, ma nel viaggio verso l'Europa sono mancate entrambe. Abbiamo impiegato *tanto* tempo ad arrivare qui. Abbiamo attraversato fiumi e monti, abbiamo dormito a terra con gli animali nelle fattorie e sempre a terra nelle stazioni. Ma la parte più difficile è stata il deserto. I miei fratelli hanno ancora gli incubi, penso che li avranno per sempre.»

Il vento sospirò nella cala.

Tau guardò Popi negli occhi. «Non ho mai avuto tanta sete come nel deserto.» Poi guardò Nur. «Il fuoristrada era pieno di persone, potevi a malapena respirare. Ma questa non era la parte peggiore, la parte peggiore era la paura di cadere. La gente si indeboliva e a volte veniva spinta fuori di proposito. Un momento c'era e quello dopo non c'era più. I trafficanti non si fermavano mai per i caduti. Aida fu una di loro.» Tau aveva smesso di piangere. «Mama è peggiorata molto dopo la scomparsa di Aida. Si è intristita, e in Congo dicono che la tristezza fa ammalare. Ha smesso di mangiare, forse ha perso la speranza, ma io no, l'ho sorretta, l'ho portata qui.» Tau fece una pausa. «Credevo nell'Europa e nei suoi splendidi ospedali, ma anche questa era solo un'altra bugia.»

«Non è giusto» disse Popi con voce tremante. «Tutto quello che vi è successo non è giusto. Mi dispiace che ti abbiano fatto del male, che te ne stiano facendo ancora.»

Tau sorrise. «Non è colpa tua.»

Le onde si frangevano sugli scogli. Gli uccelli descrivevano archi in cielo tuffandosi nell'ultimo volo della giornata.

«Non sei solo.»

Con quelle parole Nur abbozzò un sorriso, non perché gli andasse veramente di sorridere ma perché sapeva che Tau ne aveva bisogno. E fu in quel preciso momento che i tre bambini capirono che la loro amicizia, seppur nata da poco, era qualcosa di raro e prezioso, e che li avrebbe accompagnati per molto, molto tempo.

6

Safi aveva trascorso l'intera giornata con Mama. Dopo qualche ora di riposo, Mama si era svegliata sentendosi più in forze degli altri giorni. Si era messa a sedere e aveva chiesto ai gemelli di sedersi accanto a lei. I due bambini non comprendevano appieno la malattia della madre, ma vedendo la luce tornare nei suoi occhi si erano incuriositi. E, quando lei aveva sorriso, avevano capito che qualcosa di magico stava accadendo.

I quattro avevano passato le ore raccontandosi storie, ridendo e cercando conforto nella vicinanza gli uni degli altri.

Per la prima volta, la tenda si riempì di suoni, e ciò che prima era bianco e nero si tinse di mille colori. Fu questo che Tau trovò quando rincasò insieme ai suoi nuovi amici.

Sentì il cuore farsi leggero, quasi dovesse prendere il volo e uscirgli dal petto. Mama sedeva, Mama parlava, Mama rideva! Poi però ricordò il motivo per cui erano lì, e il suo cuore sprofondò sottoterra.

«Mama» disse Tau, «scusa se sono stato fuori tutto il giorno. Io... io...» Ma non riuscì a finire la frase, il senso di colpa gli serrava la gola.

Si sentiva in colpa per il buon cibo che aveva mangiato alla taverna di Nonna, per aver nuotato e per essersi tuffato nel mare blu sapendo Mama relegata in quella tenda. Soprattutto, si sentiva in colpa per aver riso, per aver trovato conforto nei suoi nuovi amici, e per aver dimenticato Mama e la sua malattia durante tutto il pomeriggio.

Safi abbaiò vedendo Nur entrare. Si mise a scodinzolare come un forsennato, eppure non lasciò il capezzale di Mama. Era felicissimo di vedere il suo padroncino, ma Mama aveva bisogno di lui, e Safi le si era affezionato.

Popi e Zara entrarono per ultime. Zara, che si era rimessa la sciarpa rosa, attrasse subito l'attenzione dei gemelli. I tre più piccoli si studiarono a distanza. Popi si avvicinò a Mama senza indugio e le strinse la mano.

«Come si sente oggi?» chiese.

«Meglio, grazie.» Mama le fece segno di sedersi accanto a lei. Popi la raggiunse sul tappeto. Mama accarezzò Safi e aggiunse: «E tutto grazie a questo piccolino».

Tau temette di scoppiare a piangere di nuovo. Come poteva privare Mama di questo piccolo conforto? Tirò su col naso e si fece coraggio. L'errore era stato suo, non avrebbe dovuto rapire Safi, e ora doveva rimediare.

Anche Nur si avvicinò a Mama, si posò una mano sul cuore e si presentò. Poi accarezzò Safi, e il cane allungò il collo per incontrare il suo tocco.

Calò il silenzio, un silenzio disteso, un silenzio sereno. Mama osservava i bambini che riempivano la tenda con il sorriso sulle labbra.

«Vuoi giocare?» chiese uno dei gemelli porgendo a Zara un vecchio giocattolo. «Ne abbiamo una cesta piena.»

I giocattoli nella cesta erano rotti, scoloriti, tutti di seconda mano. C'erano soldatini di plastica, dinosauri, trattori e vecchie bambole. Zara non aveva giocattoli. Guardò Nur per cercare conferma.

«Fai ciò che senti» disse lui. «Sei libera.»

Zara annuì e, senza dire una parola, si inginocchiò vicino alla cesta. I gemelli la raggiunsero subito e le mostrarono i giocattoli, con i loro nomi inventati e le loro storie immaginate, presentandoglieli uno a uno. Di nuovo, la tenda si colmò del chiacchiericcio dei più piccoli.

Mama aveva capito la situazione al volo. Tau non era mai stato bravo a nascondere le emozioni, e la tristezza che gli vedeva adesso negli occhi parlava da sola.

«Vieni» disse lei accarezzando il tappeto accanto a sé. Tau ubbidì a testa bassa. Mama gli passò una mano tra i capelli. «Hai bisogno di un taglio. Ci penso io stasera.»

«Mama...» iniziò Tau, pronto a confessare.

Lei gli prese il mento tra le dita. «Guardami, *mwanangu*.»

Da quanto tempo non lo chiamava *mwanangu*, «bambino mio»? Tau incontrò i suoi occhi. Da quanto tempo non le vedeva tanta forza nello sguardo? Per un momento, Mama gli sembrò quella di un tempo, la donna forte e gentile che lo aveva cresciuto, che gli aveva insegnato la differenza tra il bene e il male, che gli tagliava i capelli più spesso di quanto servisse solo per stare insieme e chiacchierare.

Il suo tocco era dolce e freddo, lieve e forte, tutto insieme, allo stesso tempo. «Grazie» disse lei. «Grazie di tutto.»

«Mama, io...»

«Va tutto bene» disse lei. «So perché l'hai fatto. Ti sei fatto carico di tutti noi, e hai fatto un lavoro incredibile, e di questo ti sarò grata per sempre.» Fece una pausa. Le vennero gli occhi lucidi. «Ma questo non dovrebbe essere compito tuo, *mwanangu*. Dovrei essere io a prendermi cura di voi, e mi spiace di non poterlo fare. Mi dispiace più di ogni altra cosa al mondo.»

«Mama...»

«Ma sappi una cosa» lo interruppe lei. «Io non voglio che tu viva per me. Voglio saperti felice, voglio che tu abbia degli amici. Voglio che un giorno, quando ti guarderai indietro, penserai a me come a una mamma, e non una figlia. Ci hai portati fin qui, Tau, e quaggiù ho bisogno di sapere che non sei solo.» Guardò Popi e Nur, li guardò con gratitudine. «Voglio che tu abbia amici fidati al tuo fianco, hai capito? E, soprattutto, voglio che tu non ti senta in colpa quando sarai con loro.» Mama fece una pausa per riprendere fiato. «Oggi mi sento meglio, parlerò con la Manager domani. Troverò una soluzione. Promesso.»

Tau annuì lento, ricacciò le lacrime e si morse il labbro per impedirgli di tremare. «Ti credo, Mama» disse. Dopo un momento continuò: «Penso che ce la faremo. Penso che ce la faremo in questo Paese».

Mama sorrise. Abbassò lo sguardo. «Grazie di essere rimasto con me oggi, piccolino» disse rivolta a Safi. «Puoi tornare a casa adesso.»

Incerto, Safi guardò prima Mama e poi Nur, e infine si alzò. Nur si accucciò e aprì le braccia, e Safi gli corse incontro.

«Mi sei mancato» disse Nur. Safi gli leccò il mento, abbaiando felice.

Ritrovarlo fece sentire Nur al sicuro, lo fece sentire a casa. Durò solo un attimo, però. Nur sapeva che la casa a cui si era aggrappato fino a quel momento era ormai vuota, un luogo da tempo disabitato, se non per i ricordi che, come fantasmi, affollavano le sue stanze. Era la casa del passato, e Nur capì di non potervisi più attardare.

Era tempo di vivere.

7

La notte delle bombe, la vita di Nur cambiò per sempre. Tutta la famiglia era a casa, Baba aveva chiuso la bottega presto e Mama aveva trascorso l'intera giornata a cucinare. Attendevano il tramonto con trepidazione, un'atmosfera quasi magica avvolgeva la città.

Era l'inizio del Ramadan di tre anni prima, ma a Nur pareva ieri. Ogni momento di quella notte era scolpito nella sua mente.

A casa, in Siria, avevano l'acqua corrente, anche calda, a tutte le ore, e Mama teneva il bagno sempre pulito. Avevano cibo in abbondanza, stanze da letto separate, e la tv. Era una bella vita, la loro, una vita tranquilla.

C'era la guerra, ma in genere era relegata al telegiornale o ad altre città e villaggi, e anche quando i ribelli e il governo si scontravano nella città di Nur, lo facevano nei quartieri più lontani da casa. E soprattutto nessuno avrebbe lanciato bombe la prima notte di Ramadan, lo sapevano tutti, era un tacito accordo tra i due eserciti.

Andava tutto bene.

Il canto dell'imam si levò dalla moschea vicina. La famiglia si sedette sul tappeto del salotto, la piccola Zara tra le gambe di Baba, Safi come sempre accanto a Nur, e finalmente Mama iniziò a servire. Si era superata stavolta. C'erano zuppa, riso e pollo in abbondanza, c'era il ful, un piatto di fave, cipolle caramellate e olio d'oliva, e il fatteh, pane arabo, yogurt e stufato di manzo. C'era anche il dolma. Tutti mangiarono a sazietà. Zara si addormentò masticando.

Baba la portò a letto, poi tornò in salotto dove, sdraiato accanto a Nur e Safi, ascoltò il figlio raccontargli la sua giornata, i giochi che aveva fatto, le avventure, reali e immaginarie, vissute insieme al cane. Safi, che allora aveva ancora entrambi gli occhi e le orecchie, ascoltava con attenzione, non interrompeva mai.

Era un rito quotidiano per padre e figlio. Ogni giorno dopo cena allungavano le gambe sul tappeto e, mentre Baba fumava il narghilè, Nur raccontava le sue storie. Quando Nur si stancava, si davano il cambio, e Baba iniziava a raccontare. A volte narrava della Siria di un tempo, quando lui era piccolo e i nonni di Nur ancora vivi. Altre volte, invece, parlava della rivoluzione, spiegava i perché del conflitto e come mai fosse doloroso ma necessario. Ma le storie che Nur preferiva erano quelle che Baba si inventava, storie di principi guerrieri, djinn e animali parlanti. Quella delle storie era una tradizione a cui non rinunciavano mai. Baba era il migliore amico di Nur, e Safi era un suo regalo.

Dopo cena, Baba e Nur uscirono per portare del cibo a una famiglia molto numerosa e meno abbiente che viveva in fondo alla strada. Condividere con i meno fortunati era di consuetudine durante il Ramadan, ma Baba lo faceva a prescindere, tutto l'anno, e spesso portava Nur con sé.

Si trovavano laggiù a bere tè e mangiare un altro po' di cibo su insistenza della famiglia a cui l'avevano donato, quando l'esplosione squassò l'aria.

Baba e Nur corsero come pazzi verso casa. La gente si aggirava ferita e coperta di polvere per la via. Sembravano fantasmi, fantasmi che avessero dimenticato la propria identità dopo tanto girovagare. Gli scoppi delle bombe riecheggiavano in tutta la città, il cielo un dipinto nero e arancio.

Il condominio di Nur era l'unico rimasto in piedi in tutto l'isolato. Profonde crepe correvano lungo l'intera facciata, ma aveva resistito. Urla confuse si levavano da dietro le finestre rotte. Tra queste, il pianto della piccola Zara.

«Resta qui» disse Baba piegandosi per guardare Nur dritto negli occhi. E prima di avventurarsi nel palazzo aggiunse: «Ti voglio bene».

Baba si gettò in una corsa forsennata. Salì le scale a tre a tre mentre il condominio cigolava e gemeva sfaldandosi intorno a lui. Trovò la porta di casa divelta, il soffitto del salotto crollato. Ma Zara era viva, non si era fatta neanche un graffio. La sollevò e la tenne stretta a sé. Mama era svenuta in cucina. Baba le versò dell'acqua sul viso per risvegliarla. E insieme si diressero verso l'uscita.

Nel frattempo, in strada, Nur non sapeva più che fare. Le urla dei feriti rimbombavano ovunque intorno a lui, il boato di edifici che crollavano in lontananza lo faceva trasalire. Così decise di entrare nel palazzo. Forse Baba aveva bisogno di aiuto, si disse. Forse aveva bisogno di lui. Ma, prima che potesse varcare la soglia, Mama uscì e lo trascinò via con sé. Era coperta di polvere da capo a piedi e una brutta ferita le marcava la fronte, ma aveva Zara con sé, e la bambina sembrava illesa.

«Dov'è Baba?» gridò Nur per sovrastare il frastuono.

Mama era troppo confusa per rispondere. Si limitò a guardare il palazzo da cui era appena uscita. Pochi secondi dopo, l'edificio lanciò un lungo gemito, il lamento di un animale in agonia, e crollò su se stesso.

E poi nient'altro, nient'altro rimase, soltanto polvere e lacrime.

Quando i soccorsi estrassero il corpo di Baba dalle macerie, trovarono Safi sotto di lui, ferito ma vivo. Mama raccontò che, mentre stavano uscendo dall'appartamento, avevano sentito il cane abbaiare, e Baba non aveva esitato nemmeno un momento. Le aveva affidato Zara ed era tornato a prenderlo.

Safi aveva perso un occhio e un orecchio e parecchi ciuffi di pelo, ma era vivo, era vivo grazie a Baba, quell'uomo grande e gentile che avrebbe fatto di tutto per vedere suo figlio felice. E Baba... Baba non c'era più e non c'era più per colpa di Nur, pensò il bambino.

Quel giorno, qualcosa dentro di lui si spezzò.

Nur raccolse Safi, lo ripulì dalla polvere e decise che non avrebbe mai avuto altri amici all'infuori di lui. Non avrebbe mai voluto bene a nessun altro come ne voleva a lui. Perché se una parte di Baba era sopravvissuta – e Nur doveva crederlo – allora quella parte era Safi, e Nur aveva il dovere di dedicarglisi completamente.

Quel giorno Nur smise di vivere nel presente e iniziò a vivere in un luogo in cui casa era ancora intatta, la tristezza era un tabù e di Baba non si parlava mai: un luogo inesistente.

Nur alzò lo sguardo e guardò Popi e Tau dritto negli occhi. Non si sentiva di raccontare questa storia al momento, e loro non gli chiesero di farlo. Per ora non c'era bisogno di dire alcunché. Popi e Tau si limitarono a ricambiare il suo sguardo e, senza dire nulla, gli trasmisero tutto il loro affetto.

Tra amici non conta tanto quel che si dice quanto quello che non c'è bisogno di dire. E, a volte, parlare è del tutto superfluo: ciò che è veramente essenziale valica la parola.

Nur guardò Safi, e Safi guardò Nur, e i due amici si capirono. Così, senza dire nulla. Nur diede a Safi un ultimo abbraccio e, stringendolo, riuscì finalmente a lasciarlo andare. Gli fece una carezza, gli diede un buffetto sulla schiena e lo rimandò indietro, da Mama e Tau.

Dove c'era più bisogno di lui.

8

Baba diceva sempre che in famiglia non si dimentica mai nessuno. E ora che i non-amici erano diventati più che semplici amici, ora che erano diventati una vera e propria famiglia, Nur decise di fare sue quelle parole.

«Possiamo entrambi essere i suoi padroncini» disse. «Se Safi vuole, può stare un giorno da voi e un giorno da noi. E, Popi, se ti va puoi portarlo a passeggio quando vuoi. Sono certo che lui ne sarà felice.»

Popi sorrise e grattò il cane dietro l'unico orecchio che aveva. Safi scodinzolava come un matto. E Tau... Tau si limitò a guardare Nur dritto negli occhi, la gratitudine nello sguardo e le guance rigate di lacrime.

Mama spalancò le braccia. Nur vi si rifugiò. «Grazie» disse lei. «Sei un bravo bambino.»

Una volta a casa, pensò Nur, doveva abbracciare anche sua madre. Era da troppo tempo che non lo faceva.

«Mi conviene tornare a casa adesso» disse. «Zara, tu cosa fai?»

Zara lo occhieggiò, incerta. «Forse... resto qui ancora un po'?»

Nur annuì, le sorrise.

«Vengo con te» disse Popi. «Mia madre sarà fuori di sé dalla rabbia.»

Anche Tau si alzò. «Vi accompagno.»

Nur diede un'ultima carezza a Safi, lo guardò negli occhi, e uscì.

Il sole si era già tuffato per metà dietro la collina, e tutta l'isola riluceva, oro colato nel bagliore del tramonto. Pure le tende e i teli cerati e il terriccio sembravano un po' più belli, più leggeri, come in un sogno. L'aria odorava di rancio riscaldato, e non era certo un buon profumo, ma c'era, era reale. Era il presente.

I tre bambini uscirono dal livello africano. Davanti a loro, il campo profughi discendeva, livello dopo livello, verso la città.

Le donne facevano il bucato nei loro secchi, gli uomini trasportavano le scatole del rancio e i bambini scorrazzavano qua e là a piedi nudi. Non era certo un bello spettacolo, pensò Nur, ma anche questo faceva parte del presente e chiedeva di essere visto.

Questo era il mondo. Nur doveva guardarlo, toccarlo, ascoltarlo. Doveva udirlo e pure gustarlo. Doveva sentirselo nelle ossa. Nei momenti belli e in quelli terribili, Nur doveva viverlo. E se questo voleva dire avere paura di quando in quando, lui era pronto. Avere paura era normale, si disse, sentirsi tristi anche.

Nur era pronto a provare tristezza e felicità e rabbia e speranza e amore e paura e tutte le altre emozioni. La vita non era perfetta, anzi, a volte sapeva essere l'esatto opposto, ma valeva sempre la pena di essere vissuta appieno.

Continuarono a scendere verso il livello siriano. Passarono accanto al bagno pubblico in cui Zara e tutti gli altri bambini del campo erano costretti ad accucciarsi ogni giorno tra lo sporco. Si coprirono il naso davanti alla montagna di rifiuti che costeggiava l'entrata del livello, e fecero attenzione ai ratti che correvano loro tra le gambe.

Infine, arrivarono a casa. Come quella di Tau, anche casa di Nur era una tenda, una tenda verdognola su cui Mama aveva cucito delle toppe. Questa era la realtà delle cose, finalmente Nur era pronto ad accettarla. Ma questo non lo intristì, non più.

La loro casa in Siria era perduta e sì, non avevano più una tv funzionante, Nur non aveva una camera tutta sua, non avevano nemmeno il bagno, ma non aveva importanza. Non conta ciò che hai, ma chi hai al tuo fianco.

Davanti a quella tenda, i tre bambini si guardarono senza dire una parola. Quanta differenza può fare un solo giorno. Soltanto quella mattina, tutti e tre credevano che le reciproche differenze li avrebbero sempre tenuti lontani. Ora invece sapevano che erano proprio quelle differenze a unirli. Il colore della loro pelle era diverso, e così le loro tradizioni e la loro cultura, ma respiravano tutti la stessa aria, a essa dovevano la vita. E sebbene le loro vite fossero diverse, sebbene Nur e Tau vivessero nel campo e Popi in città, tutti e tre calcavano la stessa terra, sulla stessa isola, nello stesso Paese.

Fu Popi a rompere il silenzio.

«Allora» disse, «immagino che sia il momento di salutarci.»

«Non ancora» rispose Nur, «ti accompagniamo fino al cancello.»

Tau annuì. «Forse tua madre è arrabbiata che te la sei svignata per tutto il giorno, ma se ci siamo anche noi magari non ti sgrida... non troppo, almeno.»

«E poi» aggiunse Nur, «non ho così tanta voglia di farmi rimproverare da Mama. Aspetto volentieri un altro po'.»

I tre bambini ripresero a camminare. Nessuno stette davanti, nessuno finì in fondo. Camminarono ciascuno accanto agli altri.

Erano diversi, su questo non c'era dubbio. Nur era diverso da Tau, e Tau era diverso da Popi. Ma erano fratelli, e le loro ombre a terra si univano perfettamente. Le loro differenze li rendevano più forti, e le cose che avevano in comune davano loro conforto. Avevano imparato a vedere se stessi in tutto e tutti intorno a loro.

Arrivarono al cancello principale del campo. Il sole era quasi tramontato. Ai piedi della collina, la madre di Popi, pallida come un lenzuolo, aspettava insieme a due poliziotti. Non appena vide la figlia si mise una mano sul cuore, poi iniziò a risalire la collina con il dito puntato, urlando parole che il vento si portò via.

«Be'» disse Popi con la sua solita flemma, «mi sa che mi sgriderà anche davanti a voi.»

Nur si strinse nelle spalle. «Mi dispiace averti tenuta in giro tutto il giorno.»

«È colpa mia» disse Tau, «se non avessi portato via Safi, non avresti perso tutto questo tempo.»

Popi sorrise. «Mi sono proprio divertita.»

«Già» disse Tau.

«La giornata migliore» disse Nur.

La madre di Popi era a metà della salita.

Popi si voltò a guardare i suoi amici. «Allora» disse, «ci vediamo domani?» Ma non attese risposta, iniziò a scendere.

A giudicare dall'espressione, sua madre pareva intenzionata a mangiarsela viva, ma quando Popi le capitò a tiro si limitò ad abbracciarla stretta. Nur e Tau erano troppo lontani per sentire le sue parole, tuttavia la Manager non sembrava più tanto arrabbiata, né tanto spaventosa. Madre e figlia iniziarono a scendere verso la città.

Quando arrivarono ai piedi della collina, Popi si girò di nuovo e salutò con la mano. Nur e Tau ricambiarono il saluto.

«A domani» dissero sottovoce, e insieme tornarono a casa.

Vendesi abito da sposa: mai indossato

Khalid credeva nell'amore, ardentemente e completamente, come credeva in tutto il resto. Ma per un momento, piccolo e terribile, temette – o meglio, ebbe la certezza – che lei non si sarebbe presentata. E se l'amore, da solo, non bastasse a cambiare il mondo?

«Arriverà» disse Jenny dietro di lui. «Vedrai.»

Khalid si voltò a guardarla, e lei gli rivolse un sorriso incoraggiante. Accanto a lei, Jonas se ne stava a braccia conserte, le sopracciglia arcuate, le labbra sporte in avanti, lo sguardo fisso nella direzione opposta.

«Jonas?» chiamò Khalid.

L'amico sbuffò, e il suo ciuffo, rosso come il fuoco, si librò nell'aria del mattino. «Arriverà, Khal. Non preoccuparti.»

Khalid sorrise e tornò a guardare la strada. Era grato a entrambi, ma forse a lui un pizzico di più. Perché mentre Jenny era sempre stata dalla sua parte, Jonas non era mai stato veramente d'accordo. Diceva che era una follia, quell'idea, che avrebbe finito per farli ammazzare, o peggio, per farli litigare in modo irreparabile. Eppure era lì, nel giorno fatidico, come sempre. Questo, per Khalid, faceva tutta la differenza.

Avevano lasciato la struttura per i minori non accompagnati in piena notte, dopo mesi a pianificare la fuga nei minimi dettagli. Avevano studiato la planimetria dell'edificio fatiscente, scegliendo una botola nel seminterrato come via d'uscita. Avevano registrato i ritmi di sonno e veglia degli altri residenti su un taccuino, optando per l'orario più morto della giornata. E avevano spostato i loro pochi averi un po' alla volta, nel tempo, così da non destare alcun sospetto.

Non che facesse la minima differenza, beninteso: la struttura per i minori non accompagnati era abbandonata a se stessa, e gli altri ragazzi erano troppo assorbiti dalle loro scorribande e risse da bar per preoccuparsi di altro. Insomma, a nessuno importava di loro, neanche a loro stessi. Nel campo, i bambini soli erano l'ultimo anello della catena alimentare.

Ciò nonostante il piano di Khalid era comunque perfetto. Doveva esserlo. Non tanto per le criticità, pressoché inesistenti, di attraversare il campo profughi più grande al mondo e sparire tra le pieghe della sua quasi infinita fauna umana, quanto per l'importanza di ciò che avrebbe nascosto. Non se stesso né i suoi amici, ma lei. Yulia. La ragazza che gli pompava il sangue nel cuore, che dava un senso ai suoi risvegli e al suo mondo una ragione per cambiare.

La ragazza che stava per sposare un altro.

Quasi perfetto. Il suo piano, s'intende. Perché per quanto Khalid potesse prevedere ogni singolo aspetto di quell'operazione, la più grande incognita rimaneva Yulia, con i suoi capelli vaniglia e i suoi occhi di ghiaccio e quei lunghi silenzi, rotti solo dalla praticità con cui vedeva le cose. E la sua famiglia, ovviamente. Quella famiglia tanto amata quanto ingombrante.

«Sono pronto a cambiare ogni cosa per te» sussurrò, fissando la strada, «ma tu sei pronta a cambiare la tua vita per noi?»

Dovevano incontrarsi proprio lì, nella polvere di un incrocio secondario tra la sezione assegnata ai russi, con cui gli ucraini erano costretti a convivere, e quella assegnata agli italiani. Dovevano incontrarsi lì, non appena Yulia fosse riuscita a sgattaiolare via dalle sue stesse nozze, due lunghissime ore prima. Eppure, nulla... finora solo lo sventolare della tela cerata delle tende e lo sgambettare di qualche ratto macilento nell'afa impietosa. Non aveva importanza. Khalid sarebbe rimasto tutto il giorno e tutta la notte ad aspettarla, se fosse stato necessario.

«Khal!» disse Jenny, sull'attenti.

Ma Khalid li aveva già sentiti. Passi. Una piccola corsa. Lo scampanellio di accessori che danzano a ritmo. Un vestito che striscia per terra. Avrebbe riconosciuto il suo passo tra mille passi. Anzi, tra tre milioni.

Yulia gli corse incontro buttandogli le braccia al collo.

«Sei venuta!» esclamò lui dopo una raffica di baci. «Sei davvero qui!»

«Ne hai dubitato?» disse lei, ridendo.

«No» mentì Khalid. «Neanche per un istante.»

Si guardarono a fondo negli occhi, di colpo senza nient'altro da dire. Non ce n'era alcun bisogno: erano insieme, il peggio alle spalle e la vita davanti.

Si dice che il battito del cuore si sincronizzi, quando gli amanti si guardano negli occhi. Il cuore di Yulia doveva battere all'impazzata, pensò Khalid, perché il suo non riusciva più a fermarsi.

«Pensavo avessimo detto di non dare nell'occhio» disse lui, squadrandola da capo a piedi, senza smettere di sorridere.

Yulia fece una piroetta, gettando coriandoli di luce tutto intorno, e si spolverò l'abito da sposa. Indossava ancora l'anello di fidanzamento – un brillante salvato dalla guerra – e Khalid finse di non esserne turbato.

«Non c'era tempo» si difese lei con fare concitato. «Lo sai com'è mia madre, mi è stata addosso tutta la mattina, non la smetteva di dirmi quanto fossi bella e quanto fosse felice. E anche mio padre entrava nella tenda di continuo con la scusa di velocizzare i preparativi, ma sappiamo tutti che in realtà stava solo controllando che non me la svignassi.»

Lo disse con una tale leggerezza, quasi fosse tutto un gioco, che Khalid si chiese se capisse davvero cosa stessero facendo e l'irreversibilità di quella scelta. Ma, di nuovo, si costrinse ad allontanare il pensiero.

«E quindi» chiese lui, per tenere alta l'adrenalina, «come hai fatto ad andartene?»

«Semplice!» disse lei, battendo le mani. «Ho...»

«Ragazzi» la interruppe Jonas. «Dobbiamo andare. Ora!»

Khalid si riscosse. Jonas aveva ragione, ogni minuto trascorso allo scoperto metteva a repentaglio non solo il loro futuro – il futuro di tutti loro – ma anche il suo presente. C'era solo da immaginarsi cosa avrebbe fatto la famiglia di Yulia se avesse avuto la possibilità di mettergli le mani addosso. Già lo detestavano, l'africano che aveva sedotto la loro unica figlia, al punto da organizzare un matrimonio combinato per «tenerla al sicuro». Ma ora, con Khalid che la rapiva, di fatto, all'altare... c'era poco da dubitarne: lo avrebbero fatto a pezzi, senza fare mezza domanda.

Khalid la guardò con apprensione, temendo che l'urgenza nella voce di Jonas la spaventasse, che rendesse d'improvviso reale la finalità del momento, ma Yulia gettò le braccia al cielo e gridò, estatica: «Andiamo!».

E Khalid sorrise, rassicurato.

Senza perdere altro tempo, montarono sulle motociclette di Wasim, che li attendeva nascosto in una tenda vicina. Era un brav'uomo e un gran lavoratore, Wasim, forte e malinconico. Aveva iniziato trainando un carretto con cui faceva i traslochi dei profughi più abbienti, fino ad arrivare a gestire un'attività di trasporti che contava più di cento veicoli tra moto, autobus e carretti. Il tutto, immancabilmente, con una sigaretta tra le labbra.

«Perché ci aiuti?» gli aveva chiesto Jonas una volta.

Wasim aveva tossito. «Lo vedi, quello là?»

Entrambi si erano voltati a guardare Khalid.

«Li riconosco, gli occhi di tigre, quando li vedo.»

E Khalid, che li ascoltava fingendosi distratto, aveva pensato che riecheggiasse una tristezza oceanica nella sua voce. Wasim era siriano, ma non vedeva casa da almeno una decade, come la maggior parte di loro.

«Allora?» disse lui guardandoli montare in sella. «Tutto pronto per la vostra società segreta?»

Khalid rise un poco. «Ma quale società segreta?»

«Dunque, vediamo... sette ragazzini che fuggono dalla schifezza che noi adulti abbiamo creato per vivere, da soli, dall'altra parte del mondo...» La sigaretta accompagnava ogni sua sillaba ondeggiando in modo ipnotico. «Se non è una trovata proprio alla Robin Hood, la vostra, non so cos'altro lo sia!»

Jenny sgasò per ricordare loro la pericolosità della situazione.

«E mi piace!» concluse Wasim, schiaffeggiando il manubrio della moto di Khalid. «Per qualsiasi cosa, queste bellezze sono a vostra disposizione.»

Khalid annuì, grato, e senza indugiare oltre si lanciarono in una cavalcata selvaggia attraverso le strade della Città della Speranza.

Quando Yulia spalancò le braccia, gli occhi chiusi e il velo a svolazzarle dietro come la scia di una cometa, Khalid diede gas sfrecciando al massimo della velocità. E si sentì libero. Libero e felice come non lo era stato mai.

Forse aveva ragione Wasim. Forse stavano davvero andando a costruire qualcosa di nuovo, qualcosa di unico, qualcosa di loro. Un mondo altro, coraggioso e spudorato, dove nessuno li avrebbe mai più trovati. Al solo pensiero Khalid si sentì attraversare da una tale scarica di euforia da buttare il capo all'indietro e ridere, ridere di gusto, ridere come se nulla potesse più andare storto adesso. E anche Jenny, e così Jonas, suo malgrado, si unirono al coro con urla scoppiettanti, sbandando di proposito e sollevando grandi sbuffi di polvere dorata. Yulia lanciò un grido e si aggrappò a Khalid quando colpirono un dosso, e lui le prese la mano e se la tenne premuta al petto, vicino al cuore. Guidarono così fino a destinazione.

Smontarono ore dopo, nel punto più remoto del campo, lontani dai servizi e dalle strutture dell'Organizzazione, in un luogo in cui il suo grande occhio non riusciva ancora ad arrivare. Gli altri tre, che li avevano preceduti per preparare tutto, li accolsero con grandi sorrisi e un fermento ancor più grande. Makuch riusciva a malapena a starsene fermo sul posto mentre parlava.

«Quella è la vostra tenda» disse puntando il dito, «questa è quella di Jonas, e quella, invece, è di Popi. E qui è dove ci troviamo la mattina per fare colazione insieme. Ti piace il tappeto? L'ha scelto Grace!» E, senza aspettare risposta, continuò: «E vedrete la mattina, com'è fresca l'aria qui. Sembra di stare in campagna. Ah, come sono felice che ci siamo tutti! Yulia, com'è andato il tuo matrimonio?».

Grace roteò gli occhi davanti all'entusiasmo bambinesco

di Makuch, ma con fare bonario e con un evidente divertimento sul volto. Yulia scoppiò a ridere e gli diede corda, facendo domande e seguendo Makuch nel tour di benvenuto. E anche Khalid, che ridacchiava e scuoteva il capo, li avrebbe seguiti, se non fosse stato per Jonas.

«Khal» lo chiamò l'amico.

Khalid sospirò. «Che c'è, Jonas?»

Lui lo studiò, grave. «Nessuno la stava inseguendo. Siamo rimasti all'incrocio per più di cinque minuti facendo un baccano incredibile, e nessuno la stava inseguendo. Perché nessuno la stava inseguendo, Khal?»

Per un momento, i due amici rimasero a fronteggiarsi, in silenzio, e la loro immobilità parve infettare il mondo intorno a loro. Per un momento, fu come se ogni cosa si fosse fermata ad ascoltare le parole di Jonas.

Khalid ruppe l'impasse entrando nella tenda, furibondo.

A Jonas, Yulia non era mai piaciuta. E di questo non faceva segreto. La trovava materialistica, volubile, frivola persino. Ma non poteva essere almeno un po' felice per loro? Perché doveva sempre dubitare, insinuare, vedere del marcio nella bellezza? Che razza di amico faceva così?

Khalid era solo nella tenda, solo eccetto per l'infinita cura che aveva messo nel preparare la loro tana, quella che lui e Yulia avrebbero condiviso per il resto della loro vita. O forse no? Scosse il capo con vigore per scacciare il dubbio dalla sua mente... Ce l'avevano fatta, diavolo, erano riusciti a fuggire dalla struttura per i minori e, soprattutto, a sfuggire alle grinfie della famiglia di lei. Cos'altro avrebbe potuto minacciarli adesso?

Perché nessuno la stava inseguendo, Khal?

Khalid tentò di calmarsi ancorando lo sguardo agli oggetti intorno a sé: un materasso trovato in discarica, quasi intatto e lavato, ancora e ancora, in modo febbrile, per settimane; una brocca senza manico piena di fiori di stoffa, comprati da una vecchia all'angolo della sezione spagnola del campo; un tavolino basso, che aveva chiesto a Popi di apparecchiare prima del loro arrivo, per dare all'ambiente un'aria di casa. Ogni cosa era al suo posto ma la vista di tutta quell'attenzione, di colpo, gli ricordò lo zelo infantile di Makuch, e si sentì sciocco. Fece un passo indietro, uscendo dalla tenda.

Avevano persino scavato un sentiero e demarcato una sorta di cortile con delle pietre. Era tutto così ingenuo, e dolce, e doloroso, in un certo senso. Dei bambini che giocano a fare gli adulti.

Doveva parlare con Yulia. Aveva bisogno di conferme. Di sicuro, se gliene avesse chieste, se lei avesse visto il suo stato di apprensione, gliene avrebbe date. Gli avrebbe detto di non preoccuparsi, che era tutto nella sua...

Jenny lo afferrò per le spalle. Khalid trasalì.

«Devi smetterla» disse lei, severa.

Khalid si accigliò. «Cosa?»

Jenny lo scosse con più forza di quanto lui la ritenesse capace. «Credimi, Khal, mandi tutto all'aria, se non ti dai una calmata. Mi dispiace vederti così angosciato, mi dispiace davvero, e mentirei se ti dicessi che so cosa stai passando. Non ne ho idea. Ma se tu dai di matto, qui perdiamo tutto.»

Khalid si ritrasse da lei. «Che significa?»

Jenny espirò e allentò la presa. «Siamo una famiglia, vero, tutti noi qui?»

«Certo che lo siamo.»

«Perché?»

La domanda colse Khalid alla sprovvista.

«Perché, Khal? Perché siamo una famiglia?»

«Perché... perché ci vogliamo bene, perché ci teniamo al sicuro, perché...»

«È perché non abbiamo nessun altro.»

Silenzio.

«Le nostre famiglie sono perdute» continuò lei, «forse per sempre, e quindi cerchiamo gli uni negli altri ciò che ci manca.»

«Va bene» disse lui, confuso. «E quindi?»

Jenny sospirò. «Ma non lo vedi? Lei, una famiglia, ce l'ha.»

«Sì, noi!»

«No, Khal. Sua madre e suo padre e i suoi vicini e la sua comunità.»

«Che volevano darla in sposa a un trentenne!»
«Sarà» disse Jenny, «ma sono comunque la sua famiglia.»
«Come? Come possono esserlo?»
«Perché li ama!»
«Lei ama di più me!»
«E come lo sai?» chiese Jenny, alzando la voce.
Khalid sbatté le palpebre, incredulo. «Perché li ha lasciati.»
Jenny scosse il capo. «E come lo sai, Khal, che li ha lasciati davvero?»
Khalid non sapeva cosa rispondere. Il cuore gli batteva all'impazzata nel petto.
Jenny allentò di nuovo la stretta e addolcì la voce. «Tutto quello che sto cercando di dire è che questo» aprì le braccia indicando le tende intorno a loro «non riguarda solo lei. Riguarda ognuno di noi. Ti abbiamo seguito perché credi in un mondo migliore, Khal, e ci hai convinti che è possibile realizzarlo. Ti abbiamo seguito perché le persone hanno bisogno di credere in qualcosa di grande nella vita. Non ci fa sempre felici, anzi, a volte credere nella tua visione è difficilissimo, ma abbiamo tutti bisogno di credere in qualcuno o qualcosa per dare un senso a questo casino. E finché la tua visione e le tue azioni rimarranno pure, noi saremo al tuo fianco.» Jenny fece una pausa. «Ti prego, non mandare tutto all'aria.»
E con questo, Jenny si allontanò, sparendo in una tenda.
Khalid si mise quasi a correre. Doveva trovare Yulia. Doveva guardarla negli occhi e avere conferma che sì, Jonas e Jenny avevano perso la bussola, che stavano esagerando, che stavolta avevano superato il limite. Che erano gelosi, forse anche invidiosi di ciò che avevano lui e Yulia, qualcosa che loro non avevano mai avuto. E che, forse, non avrebbero avuto mai.
La trovò poche tende più in là, insieme a Makuch, Popi e Grace, e le afferrò il polso, d'istinto, e Yulia dovette vedere qualcosa di inquietante nei suoi occhi, perché il suo sorriso si affievolì, sostituito da un'ombra di diffidenza. Khalid la lasciò andare.
«Uhm...» disse lui, cercando le parole. «Sono solo un po'

stanco. Sai, sveglia nel pieno della notte e tutto il resto. Ti andrebbe di... andare a... casa?»

Yulia accennò un sorriso. Si voltò a guardare Makuch, che era rimasto bloccato, le mani ancora a mezz'aria, nel raccontare una barzelletta.

«Vai» disse Grace, «ci vediamo per cena.»

Yulia annuì ed esitò prima di seguire Khalid all'esterno.

«Scusa per... quello» disse lui, appena furono fuori portata d'orecchio, sulla strada deserta. «Mi mancavi. Volevo vederti.»

«Oh!» Yulia gli prese la mano. «Sei dolcissimo!»

Khalid sentì il cuore rallentare un poco. «Lo sai? Il tramonto è il momento della giornata che preferisco.»

«Davvero? Non me l'hai mai detto.»

Khalid ridacchiò. «È perché non abbiamo mai potuto vederci a quest'ora, e parlare del tramonto. La notte fa un po' deprimere, te ne sei mai accorta?»

Yulia fece spallucce. «Come mai lo preferisci? Per me è l'alba, il momento più bello della giornata: tutto torna a muoversi e il silenzio si spezza. Sì, hai ragione: la notte mi mette malinconia.»

Khalid restò in silenzio per un po', chiedendosi se rispondere alla sua domanda o accettare che fosse solo un pretesto per parlare di se stessa.

«Quindi?» lo incalzò lei.

Khalid sorrise. «Be', hai mai notato come il mondo si ferma, quando cala il sole? Penso sia fisiologico, in un certo senso. Qualcosa dentro di noi ci dice che la giornata è finita, che è ora di andare a dormire, anche se la società moderna ci permette di continuare a vivere e lavorare e andarcene in giro anche la notte. Ma, comunque, la parte più primordiale di noi vede questa grande palla infuocata scendere all'orizzonte, e qualcosa nel nostro cervello si acquieta, e per un po' smettiamo di pensare alle cose di tutti i giorni. Per un po' pensiamo solo alle grandi cose.»

«Sei molto profondo, te l'ho mai detto?» lo canzonò lei.

«Solo tutti i giorni!»

Yulia gli strinse la mano con affetto, e Khalid si calmò

completamente. Rubandole un'occhiata pensò che l'amore fosse qualcosa di essenziale, così antico da collegare l'intera umanità, non solo nello spazio ma anche attraverso il tempo. Perché quando sei innamorato lo sai, istintivamente, che ogni essere umano che sia mai esistito e che mai esisterà si è sentito proprio come te. Lo sai che, sebbene ogni altra cosa nel mondo possa cambiare, qualsiasi cosa accada l'amore resterà sempre lo stesso. L'amore ti ancora al presente.

«Ho fame della tua bocca, della tua voce, dei tuoi capelli» recitò Khalid, guardando davanti a sé, «e vado per le strade senza nutrirmi, silenzioso, / non mi sostiene il pane, l'alba mi sconvolge, / cerco il suono liquido dei tuoi piedi nel giorno. / Sono affamato del tuo riso che scorre, / delle tue mani color di furioso granaio / ho fame della pallida pietra delle tue unghie, / voglio mangiare la tua pelle come mandorla intatta. / Voglio mangiare il fulmine bruciato nella tua bellezza, / il naso sovrano dell'aitante volto, / voglio mangiare l'ombra fugace delle tue ciglia / e affamato vado e vengo annusando il crepuscolo, / cercandoti, cercando il tuo cuore caldo / come un puma nella solitudine di Quitratúe.»

Yulia rise. «Com'è che parli sempre di questi tuoi poeti?»

«Perché erano geniali» rispose Khalid, cercando di non sembrare ferito da quella domanda. Sapendo che lei lo stava stuzzicando e niente di più, aggiunse: «E perché, se mai avessero smesso di parlare, cosa che sono certo non abbiano mai fatto, avrebbero potuto cambiare il mondo».

«E tu, Khal, vuoi davvero cambiare il mondo?» chiese lei con un sorriso malizioso. «O vuoi rintanarti con me in quella tenda e mangiare il fulmine bruciato nella mia bellezza?».

Con quelle parole, Yulia lo trascinò verso casa.

Dentro, l'aria sapeva di borotalco. Imitando Makuch, Khalid iniziò a gesticolare e fare impossibili sorrisi e saltellare, indicando i vari pezzi di mobilia. Yulia rideva a crepapelle tenendosi lo stomaco con le mani.

«Questo è il tappeto su cui possiamo sdraiarci!» disse accarezzandolo. «È un tappeto fantastico, più tappetoso di un sacco di altri tappeti, e sdraiarsi qui non ha paragoni. Anzi, ti consiglio di non farlo, perché se ti sdrai su questo tappeto poi non vorrai più sdraiarti da nessun'altra parte.»

Yulia si asciugò le lacrime con la punta delle dita.

«E questo... questo è il super bollitore elettrico. Bolle l'acqua. E basta. A volte fa un rumore strano e fuma dai cavi elettrici, ma principalmente bolle l'acqua. E quando non bolle l'acqua, aspetta di poter bollire l'acqua.»

Khalid si rendeva conto dell'insulsaggine delle sue battute, ma ridevano entrambi a non finire, forse più per scaricare l'ansia che per altro.

«E questo, infine» disse accovacciandosi, «è il non plus ultra dell'igiene personale, l'ultima frontiera del bagno e della doccia, qualcosa che nemmeno i capi delle comunità possono sognarsi... il catino!»

«Aspetta!» disse Yulia, inginocchiata dalle risate. «Mi stai dicendo che non abbiamo neanche una doccia? Neanche di quelle portatili?»

Khalid si accigliò ma si impose di continuare a ridere. «Perché, è un grosso problema?»

Yulia non parve accorgersene. «No, certo che no! Siamo io, te e il catino, nel nostro per sempre felici e contenti!»

Khalid si rabbuiò. Il riso di Yulia scemò in un sorriso.

«Che c'è?» disse lei.

Khalid esitò. «Niente»

Yulia alzò le spalle. Poi fece un altro gran sorriso e disse: «Quanto sono graziosi i fiori di stoffa. Li adoro!».

Khalid guardò i fiori e si sentì arrossire. Che oggetto sciatto, senza valore! Avrebbe voluto farli sparire, lanciarli il più lontano possibile. Si sentì in imbarazzo, quasi fossero una metafora della vita che le stava offrendo.

«Avresti avuto la doccia, a casa sua?» chiese.

«A casa di chi?» disse lei, fingendo di non capire, cercando in ogni modo di preservare la leggerezza del momento.

«A casa di lui.» Khalid non riusciva neanche a pronunciare il nome. «Quello che doveva essere tuo marito.»

Yulia fece cadere le spalle, ma solo un poco. «Perché ti importa? Sono qui, ora. Tutto il resto è nel passato.»

Khalid guardò quel sorriso ostentato e rabbrividì. «La volevi, quella vita?» E poi, distogliendo lo sguardo: «Almeno una parte di te la voleva?».

Yulia serrò i pugni. «Perché mi fai queste domande adesso?»

Silenzio. Un lungo, doloroso silenzio.

«Perché non sono venuti a cercarti?» disse Khalid.

«Chi?»

«I tuoi. La tua comunità. Lui. Perché nessuno è venuto a cercarti, quando te ne sei andata? Cos'hai detto loro perché ti lasciassero andare?»

Yulia spaziò con lo sguardo, gli occhi arrossati dalle lacrime. «Perché fai così?» Poi ripeté: «Sono qui adesso. Non me ne vado. Non ti basta?».

Si guardarono negli occhi per un momento, ma Khalid non riusciva a sostenere il suo sguardo.

«Ho detto che sarei venuta a dirti che non ti amavo» mormorò lei.

«E?»

«Oh, Khal!» Yulia sguainò i denti, offesa. «Lo sai che ti amo.»

Silenzio.

Khalid avrebbe fatto di tutto, di tutto eccetto porle quella domanda. Ma doveva sapere. Era fatto così.

«Ma?» disse.

«Ma era l'unico modo in cui mi avrebbero lasciata andare. Perché ti importa tanto cosa ho detto e se lui abbia una doccia oppure no?»

«Non mi importa» disse Khalid, senza convinzione.

«E invece ti importa, non è così?»

Khalid chiuse gli occhi, maledicendosi per aver chiesto della doccia, pregando di poter tornare alla passeggiata al tramonto e di poter riscrivere daccapo quegli ultimi minuti. Forse poteva ancora farlo...

«No...» iniziò a dire.

Ma Yulia lo interruppe. «Sii onesto. Non fingere di essere chi non sei per me. Non ti farò mai lo stesso favore. Perché è questa la verità, no? Per te tutto riguarda solo le grandi cose – le tue poesie, i tuoi ideali, i tuoi quadri, i tuoi tramonti. E così sono scappata da un posto in cui dovevo essere la figlia perfetta, la sposa perfetta, solo per diventare... cosa?

La ragazza perfetta? La perfetta rivoluzionaria al tuo fianco? Non è questo che sono, Khal. Mi piace fare la doccia la mattina e mangiare i piatti di mamma e andare a fare compere al mercato, di tanto in tanto. Non sono perfetta, Khalid. Non idealizzarmi. Se mi ami, non idealizzarmi.»

In un eccesso di panico, Khalid le prese le mani. «Non voglio che tu sia perfetta, voglio che tu sia tu!»

Yulia guardò le loro mani intrecciate, un sorriso triste sulle labbra. «Anch'io voglio che anche tu sia tu... ma adesso lo vedo: tu non puoi essere tu, con me accanto.»

«La nostra vita sarebbe perfetta qui» disse Khalid, quasi implorante.

«Perfetta?» Yulia levò lo sguardo. «La vita non deve essere perfetta. Solo felice.»

Khalid sgranò gli occhi. «E non saresti felice qui?»

Stavolta fu Yulia a rimanere in silenzio. Sfilò le mani dalle sue e si voltò, dandogli le spalle, il vestito da sposa un muro tra loro.

«La mia gente ha già sofferto tantissimo, Khalid. La mia famiglia ha sofferto tantissimo. Come posso fargli questo?»

«L'unico sogno che vale la pena di avere» recitò lui «è di vivere finché si è vivi e di morire solo quando si è morti.»

Yulia scosse il capo. «Tu non hai nessuno, Khalid. E mi dispiace, mi dispiace con tutto il cuore. E ti amo, ma non sei l'unico che amo. Amo mia madre e amo mio padre. Amo la mia cultura e il mio Paese e il mio passato, anche se è perduto per sempre. Soprattutto perché è perduto per sempre. Chi lo terrà in vita, se non quei pochi tra noi che l'hanno conosciuto e l'hanno amato abbastanza da ricordarlo ogni giorno? La tua solitudine è ingiusta, e vorrei poterla cambiare. Ma non posso.» Yulia si voltò a guardarlo. «Però, Khalid, la tua solitudine ti rende libero, in un certo senso. Mi piacerebbe essere libera quanto te, ma non lo sono. E diventarlo significherebbe uccidere tutto ciò che amo della mia vita. E questo... questo non lo posso fare.»

«Non lo vuoi fare» disse Khalid, pieno di amarezza.

«È vero... non lo voglio fare.»

E in quel momento Khalid capì che le uniche persone a

cambiare il mondo sono quelle che vogliono farlo. E non tutti lo vogliono davvero.

«Se aspettiamo il momento in cui tutto, assolutamente tutto è pronto» recitò lui, «non inizieremo mai.»

Fu Yulia a prendergli le mani adesso. «Abbiamo quattordici anni, Khal.» Poi, lasciandogliele, attraversò la tenda, scostò i lembi dell'incerata e guardò all'esterno. Era calata la notte. «In un'altra vita» disse, «mi sarebbe piaciuto fare lunghe passeggiate al tramonto e parlare di poesia con te.»

Yulia attese un momento, e Khalid sapeva che avrebbe potuto seguirla e, in qualche modo, salvare il salvabile. Vivere, o sopravvivere, delle briciole di quell'amore impossibile, scartando tutto il resto. Ma decise di non farlo.

Ore dopo, al termine di un lungo pianto liberatorio, Khalid sentì qualcuno sedersi a terra accanto a lui, appena fuori dalla tenda, e levò il capo dalle ginocchia.

«Vuoi parlarne o vuoi essere distratto?»

Jonas. Il suo ciuffo rosso risplendeva alla luce della luna. Guardava dritto davanti a sé. Nulla nel suo sguardo pareva voler dire: «Te l'avevo detto».

Khalid non rispose, e Jonas non lo incalzò. Tra amici si sa che alcuni silenzi non vanno spezzati, solo ascoltati.

«Se non l'amore» disse Khalid dopo chissà quanto, «qual è lo scopo della vita?»

Jonas fece una risatina. «E chi te l'ha detto che esiste un solo tipo di amore?»

Khalid alzò un sopracciglio.

«E se ti dicessi che, il tuo scopo, tu lo compi ogni volta che ti svegli la mattina e ci ispiri a continuare a vivere? A continuare a sperare?»

Khalid alzò una spalla. «Come vuoi, amico.»

Rimasero seduti insieme per un altro po', ognuno perso nei propri pensieri.

«Non mi innamorerò mai più» promise Khalid a un certo punto.

«Ma certo che ti innamorerai.»

Khalid trasalì. Era Jenny, in piedi dietro la tenda. Gli sorrideva, i contorni della sua bocca accennati nella luce pallida. Si sedette con loro.

«Come lo sai?» chiese lui.

Jenny fece schioccare la lingua. «Amare non è qualcosa che facciamo. È chi siamo. Ti troverà, un giorno, l'amore, quando meno te lo aspetti, e l'unica cosa che potrai fare sarà dire di sì.»

«E come lo sai, quando è vero amore?»

«Lo sai e basta» disse Jonas. «È come svegliarsi la mattina. Prima non c'è, e poi, di colpo, è ovunque, davanti e dentro e tutto intorno a te.»

Khalid si voltò a guardarlo, il riso a malapena trattenuto nella sua voce. «Tu!? Da quando tu sai così tanto dell'amore? Anzi, da quando tu ne sai anche solo qualcosa?»

Jonas si soffiò il ciuffo lontano dagli occhi. «Abbiamo tutti una storia che cerchiamo di dimenticare quando arriviamo qui. Ma una storia dimenticata fa comunque parte di noi.»

Khalid si prese un minuto per riflettere sulle parole degli amici. E così, all'improvviso, capì come superare quella delusione, quella sofferenza.

«Ognuno deve lasciarsi qualche cosa dietro quando muore» recitò Khalid al cielo scuro. «Qualche cosa che la nostra mano abbia toccato in modo che la nostra anima abbia ove andare quando moriamo. Non ha importanza quello che si fa, finché si cambia qualche cosa da ciò che era prima che la si toccasse...»

«... in qualcos'altro che è come noi dopo che la nostra mano se ne è staccata» concluse Grace, sedendosi accanto a Jonas.

«*Fahrenheit 451*?» chiese Popi, dalla parte opposta.

«Già» rispose Khalid, guardando la luna.

Anche Makuch si sedette insieme agli altri.

«La nostra sfortuna non è essere poveri e affamati» disse Khalid. «È sapere che ci sono persone che ci vogliono così.»

«Combattiamo, quindi.» Jonas chiuse le mani a pugno. «Combattiamo per fare in modo che nessun'altra ragazza debba mai più compiere una scelta come quella di Yulia.»

«Giusto!» disse Jenny. «Se non noi, chi? Se non ora, quando?»

«Bella citazione» disse Khalid, tirandosi su. «Di chi è?»

«Wow!» esclamò Makuch. «Una citazione che Khal non conosce. Dov'è lo champagne!?»

«Taci, tu!» disse Khalid, ridendo.

Anche gli altri si unirono alla sua risata, più per sollievo che per vera ilarità, dando di gomito per scacciare il futuro e le sue preoccupazioni. Ci avrebbero pensato l'indomani, al domani. Per ora, c'era solo il presente.

Yulia si sbagliava. Lui non era solo. Aveva loro. Erano loro la sua comunità. La sua famiglia. E, respirando l'aria più chiara di quell'angolo sperduto del campo, Khalid sentì una folata di speranza alzarsi dentro di sé.

Profumava di cambiamento.

Nota dell'autore

Questo libro narra di un mondo senza Still I Rise.

È un mondo in cui i bambini devono difendersi da soli. Un mondo in cui devono essere coraggiosi, a tutti i costi, anche quando non dovrebbero esserlo. Un mondo in cui ogni cosa ha un prezzo, incluso il futuro.

Questa non è fiction. È la realtà di oltre 260 milioni di minori, per i quali, ancora oggi, la scuola rimane solo un sogno lontano. È la realtà di quei 150 milioni di bambini costretti al lavoro minorile tra miniere, discariche e fabbriche nel Sud Globale. La realtà dei 650 milioni di donne date in sposa quando erano ancora bambine. È la realtà di tutti quei minori – un miliardo, secondo le stime – che ogni anno sopravvivono all'abuso.

Non è la realtà di tutti i bambini, però.

Ogni anno, come Still I Rise, raggiungiamo sempre più minorenni in difficoltà tra Kenya, Siria, Congo, Grecia e Italia, offrendo loro affetto, protezione e l'istruzione migliore che esista. Ognuno di loro ha una storia unica da raccontare, e ogni storia, se ascoltata, può cambiare il mondo.

È per questo che ho scritto *Ogni cambiamento è un grande cambiamento* – per dare a ciascuna storia un lettore, e a ciascun lettore una missione da compiere. Ed è qui che entri in gioco tu, come membro della Grande Famiglia di Still I Rise.

«Cos'è, per te, la famiglia?»

Questa è la domanda che abbiamo posto a ognuno dei nostri studenti nel mondo. Tutti loro hanno parlato di mamme, di papà, di sorelle, di fratelli, di nonni, di cugini e di zii, spesso menzionando solo una di queste figure nelle loro vite. Alcuni di loro hanno parlato di famiglia come si parla del folklore popolare, qualcosa di lontano ed effimero; altri ne hanno parlato abbassando gli occhi, tirando su col naso nel ricordare fiumi torbidi e bebè abbandonati nelle ceste; altri ancora ne hanno parlato a fatica, come a volte si parla di tesori un tempo posseduti e poi persi per sempre; la maggior parte ne ha parlato con infinito affetto, l'affetto di chi sa che la famiglia rappresenta l'unico paravento davanti alla tempesta della vita. Ma tutti, tutti ne hanno parlato nei modi più sorprendenti – dal circolo di amici fraterni alla sorella persa e ritrovata, dalla zia ruvida ma dal cuore immenso al papà burbero ma sempre presente, dal cagnolino fedele a quella madre così incredibile da sembrare quasi sovrannaturale.

E così, piano piano, questo libro ha iniziato a prendere forma, e il suo messaggio a definirsi con chiarezza sempre più innegabile: la famiglia non è tanto il sangue che ci lega quanto l'amore che ci libera.

Quelle che hai tra le mani – i piccoli, magici scorci di vita che i nostri studenti hanno deciso di donarci – sono le testimonianze irripetibili delle vite dei nostri bambini, prima che avessero la possibilità di andare a scuola. Sono le vite che siamo riusciti a strappare a quei numeri terribili di poco sopra, riaprendo finalmente davanti a loro le grandi porte del futuro.

Come dicevo, è qui che entri in gioco tu.

Perché Makuch, Naomi, Brighton, Samira, Justin, Dilva, Clement, Maya, Michca, Isra e David hanno donato le loro storie confidando in noi: in me, per raccontarle, e in te, per diffonderle. Le loro voci, i loro sogni, la loro grinta hanno la forza di cambiare il mondo, ma solo se noi facciamo la nostra parte. Io ho fatto la mia, e rendere giustizia a questi racconti è stato uno degli esercizi più complessi di tutta la mia vita. Ora tocca a te.

Se puoi, diffondi questo libro il più possibile. Regalalo, prestalo, consiglialo, conservalo affinché i bambini che il mondo ha deciso di dimenticare possano ricevere l'ascolto che meritano. Anche stavolta, come ogni volta, da soli abbiamo le mani legate, ma insieme possiamo tutto.

In più, l'intero ricavato di questo libro costruirà una nuova Scuola Internazionale Still I Rise, stavolta in Colombia, per portare la nostra rivoluzione anche nelle favelas, ampliando la nostra rete di cambiamento globale verso nuovi orizzonti e così liberare sempre più bambini dalla prigione delle statistiche, dell'analfabetismo, dell'abuso e della discriminazione, ripristinando il loro inalienabile diritto all'infanzia.

Anche tu, adesso, fai parte della nostra Famiglia. Anche tu, in un certo senso, fai parte della famiglia di questi bambini. Una famiglia che, dal 2018, sta cercando con tutta se stessa di cambiare il mondo.

Con il tuo supporto negli ultimi quattro anni abbiamo condotto oltre 40.000 ore di lezione, 20.000 ore di terapia, servito 300.000 pasti, distribuito 150 tonnellate di beni necessari alla vita grazie all'impegno e alla passione di più di 500 membri dello staff e volontari nel mondo. Facciamo tutto questo in completa indipendenza, rifiutando fondi pubblici e istituzionali, e devolvendo il 95% dei fondi raccolti a programmi e attività e solo il 5% alla gestione e alla raccolta fondi. Siamo i primi in assoluto a offrire il Baccalaureato Internazionale, il percorso scolastico più riconosciuto che esista, gratuitamente, ai bambini profughi e vulnerabili, nei contesti più complessi del pianeta. Il tuo contributo è semplicemente *tutto* per noi.

Quindi grazie. Grazie di essere uno di noi. Grazie di ridefinire ogni giorno il concetto di famiglia. Grazie di creare le condizioni necessarie affinché ogni cambiamento, anche il più piccolo, sia sempre un grande cambiamento.

Grazie a te, che sei la Voce.

Nicolò Govoni
Mombasa, 10 agosto 2022

Indice

Finito di stampare nel mese di ottobre 2022
presso Grafica Veneta – via Malcanton, 2 – Trebaseleghe (PD)

Printed in Italy